DU UND ICH

DU UND ICH

Übungsbuch für Paare

Evelina Braun
Klaus W. Vopel

iskopress

ISBN 978-3-89403-127-5
1. Auflage 2008

Umschlaggestaltung:
Mathias Hütter, Schwäbisch Gmünd
Druck: Hans Kock, Bielefeld

Bibliografische Information der
Deutschen Bibliothek
Die Deutsche Bibliothek verzeichnet diese Publikation in der
Deutschen Nationalbibliografie;
detaillierte bibliografische Daten sind im Internet
über http://dnb.ddb.de abrufbar.

INHALT

LIEBE LESERIN, LIEBER LESER!

Wir gratulieren Ihnen zu dem Entschluss, dieses Buch zur Hand zu nehmen. Es zeigt Ihren Willen, sich für Ihre Beziehung zu engagieren. Und hier, im Engagement, liegt der Schlüssel zum Erfolg, der Schlüssel zu einer glücklichen Beziehung, die in der Lage ist, innere und äußere Probleme zu überdauern.

Jedes Paar durchlebt schwierige Zeiten, beide Partner verändern sich, und diese Entwicklung stellt uns immer wieder vor die Notwendigkeit, uns neu aufeinander einzustellen. Für die meisten von uns ist dieser Prozess mit Konflikten verbunden, die sehr schmerzhaft sein können. Doch eines mag uns trösten: Nicht die Abwesenheit von Streit oder von äußeren Problemen garantiert die Haltbarkeit einer Beziehung, sondern allein unsere Bereitschaft, uns stark und leidenschaftlich um unseren Zusammenhalt zu bemühen.

Etwa ein Drittel aller Ehen in Deutschland wird heute geschieden. Doch die wenigsten Paare trennen sich leicht – entgegen allem Anschein, den die hohen Scheidungsraten erwecken. Fast täglich erfahren wir von Liebes- und Familiendramen. Liebe und Hass sind verwandte Gefühle, und die meisten Gewalttaten geschehen zwischen Menschen, die einander nahestehen.

Wenn wir die Situation jedoch von der anderen Seite betrachten, stellt sie sich positiver dar: Immerhin zwei Drittel aller Verheirateten bleiben zusammen. Dazu kommt die wachsende Gruppe derer, die ohne Trauschein eine lebenslange Verbindung eingehen. Möglicherweise sind nicht alle diese Paare glücklich miteinander, dennoch zeigt ihre hohe Zahl, dass das Bedürfnis nach einem Leben in einer stabilen Zweierbeziehung nach wie vor sehr groß ist. Und wie Befragungen zeigen, sind die meisten Singles auf der Suche nach einem Partner fürs Leben. Warum bleibt dann das «Glück zu zweit» für viele ein Traum?

Junge Paare geraten oftmals in die erste Krise, wenn die rosa Wolken der Verliebtheit verflogen sind. Sie leben vielleicht seit einiger Zeit zusammen und lernen sich immer besser kennen, nun auch mit ihren Fehlern und Schwächen. Die ersten Streitigkeiten führen zu gegenseitigen Verletzungen. Der Anfangseuphorie folgt Ernüchterung und häufig Enttäuschung. Sind die Illusionen der ersten Verliebtheit an dieser Enttäuschung schuld? Müssen wir unser Zusammenleben als Paar nüchterner betrachten? Verlangt das Leben in einer Zweierbeziehung von uns, dass wir unsere Erwartungen zurückschrauben und uns auf Kompromisse und das mühevolle Lösen von Problemen einstellen? – Auch die harte Arbeit an Konflikten ist sicherlich Teil eines langen Zusammenlebens. Allerdings haben nicht etwa die Paare, deren Ansprüche an die Freuden des Lebens zu zweit eher gering sind, die besten Aussichten auf dauerhaftes Glück, sondern im Gegenteil jene Partner, die relativ hohe Erwartungen aneinander haben. (Das gilt übrigens auch für den Fall, dass nur einer der beiden sich viel von der Beziehung verspricht.) Der Grund ist, dass die optimistischen Paare eher bereit sind, viel Energie in das gemeinsame Projekt zu investieren.[1] Daher der Rat: Halten Sie die Glückserwartungen in Ihrer Beziehung hoch! Wenn Sie und Ihr Partner Erfüllung und Befriedigung erwarten, sind Sie stärker motiviert, an diesen Zielen zu arbeiten.

FREUNDSCHAFT

Eine der Qualitäten einer langfristigen Paarbeziehung ist die Freundschaft, welche die Partner miteinander verbindet. Liebe ist mehr als Freundschaft. Wenn es der Liebe aber an Freundschaft mangelt, müssen wir uns um sie sorgen. Zur Freundschaft gehören gegenseitiger Respekt, tiefe Sympathie, Vertrauen und Toleranz. Die Freundschaft ist das Fundament, das uns hält, wenn wir Zeiten äußerer Krisen durchleben. Sie verbindet uns, wenn die sexuelle Attraktion einmal nachlässt. Sie gibt uns die Kraft, immer wieder zu verzeihen, da sie auch die Schwächen des anderen akzeptiert.

In «Early Summer», dem berühmten Film des japanischen Filmemachers Yasujiro Ozu, verlobt sich die attraktive 28-jährige Noriko zur Überraschung aller mit dem verwitweten Yabe. Eine Freundin fragt Noriko, ob sie Yabe liebe. Noriko sagt: «Nein, doch das kommt sicher mit der Zeit.» «Aber wie konntest du dann zustimmen, ihn zu heiraten?», fragt die Freundin. Noriko antwortet: «Ich kenne Yabe seit zwölf Jahren, ich vermisse ihn, wenn ich ihn ein paar Tage nicht sehe, ich vertraue ihm.» «Aber das ist Liebe!», entgegnet die Freundin. «Du liebst ihn, und du weißt es selbst nicht!»

Damit sind wir bei der Ausgangsfrage unseres Buchs: «Was ist Liebe?» (Siehe Seite 17 ff.)

WOZU DIESES BUCH?

Ratgeber für Paare gibt es unendlich viele. Wozu also dieses Buch? Es geht uns nicht nur darum, Ihnen zu sagen, dass sich ein Zusammenleben trotz aller Schwierigkeiten lohnt und wie wir es uns mit ein wenig Mühe leichter und schöner machen können. Wir möchten Ihnen darüber hinaus zeigen, wie Sie auf einer neuen Ebene miteinander sprechen können, auch über Gefühle, ohne diese Gefühle jedoch zu zerreden. Und wir wollen Ihnen vor allem Anstöße geben, zusammen Dinge auszuprobieren, die Sie einander näherbringen. Die Experimente bieten deshalb nicht nur Sprechanlässe, sondern auch Anregungen zum gemeinsamen, entspannten Nachdenken über sich selbst, Ihren Partner und Ihre Beziehung. Nicht zuletzt wollen die Übungen dieses Bandes Sie anregen, einander seelisch und körperlich auf neue Weise zu berühren. Und wir wünschen Ihnen das Glück, häufiger zusammen zu lachen und die Liebe neu zu entdecken.

FRAUEN UND MÄNNER

Viel wird über den psychologischen Unterschied von Frauen und Männern spekuliert und geforscht. Deshalb eines vorab: Sie werden in diesem Buch keine Gedanken finden nach dem Muster: «Warum

Frauen gut einparken und Männer gut zuhören». (Oder war es umgekehrt?) Auch wenn wir Frauen oft denken, dass uns in manchen Punkten nur eine Frau verstehen kann, und wir Männer manchmal den Eindruck haben, dass Frauen eben einfach anders «ticken» – die psychologischen Unterschiede zwischen Mann und Mann und zwischen Frau und Frau sind so groß, dass die Abgründe, die uns manchmal von unseren Liebsten zu trennen scheinen, kaum größer sein können.

Hormone, Gene und Erfahrungen formen aus jedem Individuum auf geheimnisvolle Weise eine Ganzheit. Wir behaupten nicht, Männer und Frauen seien gleich. (Wo bliebe dann der Reiz?) Wir versuchen jedoch, in unseren Formulierungen dem gängigen Klischee, ob wissenschaftlich untermauert oder nicht, zu entgehen, indem wir den Geschlechtern keine bestimmten Qualitäten oder Mängel zuschreiben. Wir hoffen, es ist uns gelungen.

SIE UND ER

Wenn wir bei unseren Übungsanleitungen jedes Mal die weibliche *und* die männliche Form benutzt hätten, wäre der Text unlesbar geworden. So haben wir das nur ab und zu getan. Auf diese Weise kommt die Formulierung «der Partner» sehr häufig vor. Wir bitten alle Leserinnen herzlich darum, sich damit auch gemeint zu fühlen!

Ansonsten haben wir uns bemüht, so oft wie möglich von «wir» zu sprechen. Dies ist kein sprachlicher Kunstgriff, sondern durchaus ernst gemeint, denn viele Probleme, über die wir schreiben, haben wir, die Autoren, natürlich als Paar selbst auch.

GEBRAUCHS-ANWEISUNG

Wenn Sie Ihrem Partner/Ihrer Partnerin vorschlagen, gemeinsam mit diesem Buch zu arbeiten, so sollten Sie ihm/ihr das Buch zunächst zum Schmökern überlassen und dann zu zweit das eine oder andere auswählen. Allzu starker Druck oder Überredung könnte die gute Wirkung der Übungen beeinträchtigen.

Es handelt sich nicht um ein Programm, das in einer bestimmten Reihenfolge durchlaufen werden muss. Sie können sich je nach Lust und Laune einzelne Übungen heraussuchen. Innerhalb der Kapitel gibt es allerdings teilweise eine Steigerung, was Intensität und Intimität angeht.

Sie werden beim Lesen unserer Vorschläge leicht selbst herausfinden, was zu Ihnen passt. Wichtig sind Ihre Neugier und das Vergnügen, das Sie dabei zusammen haben. Vergnügen heißt übrigens nicht, dass wir unsere Worte und unser gemeinsames Tun nicht ernst nähmen. Vielleicht steckt hier die Wahrheit im Paradox: Je ernster wir uns selbst und den anderen nehmen, desto mehr Spaß können wir zusammen haben.

ZU RISIKEN UND NEBENWIRKUNGEN

Wir haben das Buch in sieben Kapitel unterteilt, um Ihnen eine Orientierung zu geben, obgleich uns klar ist, dass die Themen sich eigentlich nicht trennen lassen: Wenn Sie an Ihrer Kommunikation arbeiten, werden Sie konfliktfähiger. Wenn Sie gemeinsam Konflikte lösen, wird sich Ihr Sexualleben verbessern. Wenn Sie sich klarer darüber werden, wer Sie selbst sind, werden Sie auch Ihren Partner mit anderen Augen sehen.

Die amerikanische Therapeutin Ilana Rubenfeld rät Paaren, die sich miteinander auf psychologisches Neuland vorwagen wollen, eine Art Vertrag miteinander abzuschließen. Die unten aufgeführten acht Punkte lehnen sich an den von ihr vorgeschlagenen Paarvertrag[2] an. Wir empfehlen Ihnen, die Sätze aufmerksam durchzulesen. Sie enthalten wichtige Hinweise auf Regeln der Fairness, die Ihnen beiden Sicherheit geben, wenn Sie einander tiefere Einblicke in Ihre Seelen gewähren wollen. Vor der ersten gemeinsamen Übung sollten Sie sich gegenseitig schriftlich oder mündlich versichern, dass Sie die folgenden Versprechen einhalten werden:

1. Ich verspreche, alles streng vertraulich zu behandeln, was ich während unserer Gespräche von dir erfahren werde.
2. Ich verspreche, in einem eventuellen Streit nichts davon gegen dich zu verwenden.
3. Ich verspreche, dass ich es kommentarlos akzeptieren werde, wenn du eine Übung beenden oder eine Pause einlegen möchtest.
4. Ich verspreche, dich nicht zu unterbrechen, wenn du starke Gefühle zeigst.
5. Ich verspreche, die spielerischen Elemente in den Übungen genauso wichtig zu nehmen wie die ernsthaften Themen.
6. Ich verspreche, der inneren Stimme, die vielleicht zu Kritik und Abwertung neigt, für die Zeit unserer gemeinsamen Sitzungen eine Auszeit zu geben.
7. Ich verspreche, die Eindrücke, die ich über dich während einer Übung gewinne, anschließend mit dir gemeinsam zu überprüfen.
8. Ich verspreche, mir genügend Zeit zu nehmen, damit wir gemeinsam die Übungen in Ruhe zu Ende führen und uns über unsere Reaktionen austauschen können.

Alle Paare erleben von Zeit zu Zeit Konflikte. Die Übungen dieses Buchs können Ihnen helfen, Klippen zu umschiffen und Ihr Zusammenleben wieder mehr zu genießen. Wenn Sie jedoch das Gefühl haben, Ihre Beziehung befindet sich in einer Krise, die Sie allein nicht bewältigen können, sollten Sie unbedingt therapeutischen Rat einholen.

NEUES WAGEN

Der amerikanische Psychologe Arthur Aron forderte dreißig Paare auf, jede Woche gemeinsam etwas Ungewohntes zu unternehmen: ein Autorennen zu besuchen, einen Berg zu besteigen oder Mountainbike zu fahren. Eine Kontrollgruppe von weiteren dreißig Paaren sollte einfach nur etwas Schönes, aber nichts Ungewöhnliches tun. Nach zehn Wochen befragte Aron die Teilnehmer nach der Zufriedenheit in ihrer Beziehung. Die Stimmung der Paare, die nichts Aufregendes unternommen hatten, war leicht gesunken. Diejenigen dagegen, die gemeinsam kleine Abenteuer gewagt hatten, empfanden sich als deutlich zufriedener miteinander als zuvor.[3]

Wir behaupten, dass die psychologischen Abenteuer, die wir in diesem Buch zusammengestellt haben, für mindestens ebenso viel positive Aufregung und Anregung sorgen können wie das Besteigen eines Berges oder eine Mountainbike-Fahrt durch unwegsames Gelände. Und wir wünschen Ihnen viel Spaß dabei!

DIE AUTOREN

Wir, Evelina Braun und Klaus W. Vopel, sind seit 17 Jahren ein Paar und seit 13 Jahren miteinander verheiratet, beide in zweiter Ehe. Jeder von uns hat aus einer langjährigen ersten Verbindung zwei erwachsene Kinder. Klaus ist schon fünffacher Großvater. Wir haben in unserer Beziehung wie in den vorausgegangenen viele beglückende und auch schmerzhafte Erfahrungen gesammelt. Wir empfinden uns nicht als Wissende, sondern als Suchende auf dem Weg.

WAS IST LIEBE?

«Die Liebe ist die umfassendste, die gewaltigste und die geheimnisvollste der kosmischen Kräfte.»
Teilhard de Chardin

Am stärksten spüren wir die Liebe, wenn wir frisch verliebt sind: Jede Trennung von der/dem Geliebten kommt uns endlos vor. Die geliebte Person erscheint uns ideal. Wir übersehen ihre Schwächen und Fehler, oder wenn wir sie bemerken, verzeihen wir sie. Ja, sie scheinen manchmal den Reiz der/des Geliebten noch zu erhöhen. Dann, nach einer gewissen Zeit, sehen wir sie/ihn plötzlich mit anderen Augen: Wenn sie sich früher nach ihm sehnte, weil er wenig Zeit für sie hatte, ist sie jetzt aufgebracht, weil er sie ständig warten lässt; wenn er anfangs ihre natürliche Eleganz bewunderte, schüttelt er jetzt den Kopf darüber, wie viel Zeit sie ihrem Äußeren widmet etc. Und schon sind die Probleme da. – Ist das der Grund, warum Märchen, in denen es um Liebe geht, meist mit der Hochzeit schließen?

Ist unsere Verliebtheit deshalb nichts als Selbsttäuschung? Ist die erotische Anziehung nur eine Falle, die die Natur uns stellt, damit wir unsere Getrenntheit überwinden und Nachkommen zeugen? Die Meinungen darüber gehen in der psychologischen Literatur auseinander. Während die einen die Verliebtheit kritisch sehen als einen Zustand, über den ein Paar hinauswachsen muss, um zu echter Liebe – zu Treue, Loyalität und gegenseitiger Unterstützung –

zu gelangen, sehen andere darin eine wichtige Phase, einen Keim oder Zündfunken für die Liebe. Tatsächlich scheint es so zu sein, dass Paare, in deren erster gemeinsamer Zeit meistens Sonnenschein herrschte, mehr Chancen haben auf eine dauerhaft befriedigende Beziehung als solche, bei denen schon zu Anfang schwarze Wolken und Gewitter das Glück störten. Das mag zum einen daran liegen, dass die harmonischeren Paare möglicherweise wegen einer größeren Übereinstimmung von Gewohnheiten und Interessen weniger Anpassungsprobleme haben, zum anderen daran, dass ihnen die Erinnerung an die schöne Anfangszeit später über manche Krise hinweghilft.

WAS IST «WAHRE» LIEBE?

Suchen die vielen Menschen, die nach einem Partner Ausschau halten, nur nach dem erotischen oder sexuellen Kick? Nein, das ist nicht so. Obgleich man doch heute auch als Single recht gut leben kann, ist es der Traum unzähliger Männer und Frauen, die sich z. B. an eine der großen Partnerbörsen im Internet wenden, jemanden zu finden, der bereit ist, mit ihnen das Leben zu teilen. Das waren in Deutschland allein im September 2006 7,2 Millionen Menschen, was einen Anstieg von 24 Prozent gegenüber dem Vorjahr bedeutet.[4]

Was aber suchen wir, wenn es uns um Liebe geht?

Marc Waldman, amerikanischer Psychologe und Paartherapeut, legt vielen, die ihn zur Beratung aufsuchen, die Frage vor, was sie unter Liebe verstehen.[5] Er hat die Erfahrung gemacht, dass auch Paare, die schon länger zusammenleben, häufig sehr unterschiedliche Ideen zu diesem Thema haben. Und deshalb wollen auch wir unser Buch mit dem so wichtigen Begriff der Liebe beginnen.

Zur Einstimmung hier einige Definitionen, die nicht den Anspruch auf absolute Wahrheit und Vollständigkeit erheben, ja manche scheinen sich geradezu auszuschließen. Lassen Sie sich davon ruhig etwas verwirren, denn die Verwirrung ist ein Zustand, in dem unsere Kreativität am besten gedeiht. Und darauf – das werden wir in diesem Buch noch näher erläutern – kommt es im Alltag eines Paares vor allem an.

Liebe ist
- wenn wir uns niemals streiten
- wenn wir uns besonders heftig streiten können
- wenn wir uns nach einem Streit wieder versöhnen
- wenn es uns wichtig ist, uns in Streitfragen zu einigen
- wenn wir ehrlich und offen miteinander reden
- wenn wir uns nichts verschweigen
- wenn wir uns nicht belügen
- wenn wir uns gegenseitig nicht unnötig verletzen
- wenn wir uns immer treu sind
- wenn wir aufeinander eifersüchtig sind
- wenn wir unsere Eifersucht überwunden haben
- wenn wir gern zusammen schlafen
- wenn wir den anderen begehren
- wenn wir uns sexuell nicht zu anderen hingezogen fühlen
- wenn wir uns treu sind, obwohl wir auch andere attraktiv finden
- wenn wir uns einen «Seitensprung» verzeihen können
- wenn wir auf sexuellem Gebiet nie Probleme miteinander haben
- wenn wir über unsere sexuellen Wünsche sprechen können
- wenn wir gern zusammen sind
- wenn wir auch mal Abstand brauchen
- wenn wir gemeinsam alt werden möchten
- wenn wir zusammen lachen können
- wenn wir uns bei einer Trennung nach dem anderen sehnen
- wenn wir den anderen schätzen
- wenn wir uns gegenseitig respektieren
- wenn wir den anderen manchmal hassen
- wenn wir einander ohne Worte verstehen
- wenn wir uns um Verständigung bemühen
- wenn wir einander vertrauen
- wenn wir aufeinander neugierig sind.

FÜR MICH IST LIEBE ...

- ❋ Nehmen Sie sich jeder zwei Bögen Schreibpapier. Auf den einen schreiben Sie als Überschrift: Was ich unter Liebe verstehe. Auf den anderen: Was mein Partner/meine Partnerin unter Liebe versteht.
- ❋ Schreiben Sie dann beide in den nächsten Minuten möglichst schnell jeden Gedanken auf, der Ihnen durch den Sinn geht, so lange, bis die Seiten gefüllt sind.
- ❋ Lesen Sie sich nun zunächst gegenseitig Ihre eigene Definition von Liebe vor und dann die Gedanken, die Ihr Partner Ihrer Meinung nach dazu hat.
- ❋ Tauschen Sie zum Schluss Ihre Blätter aus und lesen Sie in Ruhe, was der andere geschrieben hat.

Auf dieses Experiment sollte eine längere Denkpause folgen. Vermeiden Sie vorläufig Diskussionen über das Thema und suchen Sie gemeinsam einen sicheren Ort, wo Sie die Blätter aufbewahren können. Später, vielleicht nach ein paar Wochen oder Monaten, wenn Sie schon eine Weile mit unserem Buch gearbeitet haben, sollten Sie diese Übung noch einmal wiederholen. Nehmen Sie bitte erst danach die alten Blätter wieder zur Hand und lassen Sie sich überraschen ...

WAS MIR WICHTIG IST

Welche Dinge halten Sie für besonders wichtig für das Gelingen einer Paarbeziehung: Meine Rangfolge:

- Vertrauen ....
- Treue ....
- sexuelles Begehren ....
- der Wunsch nach einem gemeinsamen Kind ....
- der Wunsch, zusammen zu sein ....
- gegenseitiges Verstehen ....
- gleiche Werte ....
- ähnlicher familiärer Hintergrund ....
- gleiche Bildung ....
- ähnliche Lebensziele (Haus bauen, reisen, Kinder, sich weiterbilden etc.) ....
- ähnliche Standards (Freunde, Freizeit etc.) ....
- finanzielle Sicherheit ....
- gegenseitige Unterstützung ....
- gegenseitige Unterstützung bei beruflichen Zielen ....
- gleiche Ziele bei der Kindererziehung ....

❊ Nummerieren Sie die Begriffe nach der Bedeutung, die Sie ihnen zumessen. Dann erläutert jeder ausführlich seine Rangfolge. Ideal ist es, wenn der andere dabei aufmerksam und schweigend zuhört. Vermeiden Sie eine Diskussion über Ihre Wertungen.

Seien Sie sich bewusst, dass Ihre Wertung zu verschiedenen Zeiten unterschiedlich ausfallen kann. Was Sie zur Zeit vermissen, wird vermutlich einen hohen Rang bekommen. Dinge, die Sie für selbstverständlich halten, werden möglicherweise weiter hinten rangieren, ohne dass sie deshalb weniger wichtig wären. Dies ist keine Übung zur Feststellung der Wahrheit, sondern eine Möglichkeit, sich gegenseitig besser kennenzulernen.

HÖHEN UND TIEFEN

- Nehmen Sie sich jeder ein großes Blatt Papier (am besten im Format DIN A3) und suchen Sie sich einen Platz, wo Sie einander nicht sehen können.
- Legen Sie das Blatt quer vor sich und zeichnen Sie, an einer Außenkante beginnend, eine Kurve, die die Entwicklung Ihrer Beziehung von den Anfängen bis zum heutigen Tag darstellt, mit Höhen, Tiefen und Plateaus.
- Kommen Sie zusammen und legen Sie Ihre Blätter nebeneinander, vorläufig ohne Ihre Zeichnungen zu kommentieren.
- Einer von Ihnen nimmt nun das Blatt des anderen und versucht, die Bewegungen der Kurve mit Ereignissen oder Phasen aus dem gemeinsamen Leben in Verbindung zu bringen. Der Partner hört schweigend zu.
- Dann ist der andere mit seinem Deutungsversuch an der Reihe.
- Erläutern Sie einander nun selbst Ihre Kurven, bestätigen oder stellen Sie die Vermutungen des anderen richtig. Versehen Sie Ihre Linie dabei mit Jahreszahlen und notieren Sie die Fakten dazu, an die Sie sich erinnern.
- Tauschen Sie Ihre Reaktionen aus.

Wenn Sie solche Experimente im Laufe der Jahre wiederholen, werden Sie bemerken, dass Ihre Erinnerung keinen unveränderlichen Bestand an Daten enthält. Unsere Perspektive kann sich im Laufe der Zeit ändern. (In Krisenzeiten neigen wir z. B. dazu, auch die Vergangenheit unserer Beziehung schwarz zu sehen. Paare, die im Begriff sind, sich zu trennen, erinnern sich oft nicht einmal mehr daran, dass sie einmal verliebt waren.) Bewahren Sie deshalb Ihre Kurven an einem sicheren Ort auf und holen Sie sie erst dann wieder heraus, wenn Sie das Experiment nach einer gewissen Zeit wiederholt haben.

MEINE ELTERN

Sprechen Sie mit Ihrem Partner über das Bild, das Ihnen Ihre Eltern als Kind zum Thema Liebe vermittelten. Auch wenn wir uns als Erwachsene von unseren Eltern längst unabhängig fühlen, so sind wir doch alle stark geprägt von dem, was wir im Elternhaus erlebt haben. Das heißt nicht, dass wir Vater, Mutter oder andere Verwandte schlicht nachahmen würden, manchmal ist sogar das Gegenteil der Fall: Wir bemühen uns, die Fehler unserer Eltern zu vermeiden. Letzteres macht uns allerdings, ob wir es wollen oder nicht, oft genauso unfrei.

Über das Verhalten unserer Eltern nachzudenken, kann uns helfen, uns über die bewussten und unbewussten Motive unseres eigenen Liebesverhaltens klarer zu werden. Wenn wir mit unserem Partner darüber sprechen, gibt uns das nicht nur Gelegenheit, die Dinge für uns selbst neu zu beleuchten, es ist auch dem anderen gegenüber ein Vertrauensbeweis. Und es fördert das gegenseitige Verständnis.

❊ Beantworten Sie in aller Ruhe (mündlich) die folgenden Fragen. Jeder konzentriert sich dabei auf die eigene Geschichte bzw. hört schweigend und aufmerksam zu, wenn der andere spricht. Widerstehen Sie der Versuchung, einander aufgrund Ihrer Äußerungen zu «analysieren».

- Wie drückten meine Eltern einander ihre Liebe aus?
- Hatten meine Eltern Vertrauen zueinander und wie zeigte sich das?
- Respektierten sie einander?
- Wie gut konnten meine Eltern miteinander kommunizieren? Auf welche Weise taten sie das?
- Wie drückten meine Eltern Gefühle von Zorn, Trauer oder Furcht aus?
- Wie oft stritten meine Eltern miteinander und wie taten sie das?

- Welches Verhalten/welche Eigenschaft mochte ich an Vater und Mutter am liebsten?
- Welches Verhalten/welche Eigenschaft habe ich an Vater und Mutter am stärksten abgelehnt?

LIEBESBRIEF

- Jeder sucht sich einen Platz zum Schreiben, an dem er ungestört ist.
- Stellen Sie sich nun vor, Sie bekämen einen Liebesbrief. Was sollte in einem solchen Brief stehen? Überlassen Sie sich einige Minuten Ihren Träumen und schreiben Sie dann an sich selbst einen richtig schönen Liebesbrief, der Sie glücklich machen würde.
- Setzen Sie sich nun zusammen an einen Tisch. Nehmen Sie ein frisches Blatt und schreiben Sie gemeinsam einen Liebesbrief, den Sie gern bekommen würden. Jetzt darf jeder von Ihnen nur maximal drei Wörter auf einmal schreiben, dann fährt der andere fort usw.
- Verabreden Sie, sich in der kommenden Woche wenigstens drei kleine Liebesbotschaften zukommen zu lassen. Ein paar Worte oder ein Satz genügen.

LIEBE UND NÄHE

«Love comforteth
like sunshine after rain.»
William Shakespeare

Viele Märchen enden mit den Worten: «... und sie lebten glücklich miteinander bis ans Ende ihrer Tage.» Der Wunsch, einen Menschen zu finden, mit dem wir uns auf Dauer verbinden können, der uns so liebt, wie wir sind, der mit uns durch dick und dünn geht, gehört zur Glücksvorstellung der meisten Menschen.

Erkenntnisse der Neurobiologie bestätigen, dass der Mensch ein Wesen ist, dessen zentrale Motivation auf Zuwendung und zuverlässige menschliche Beziehungen gerichtet ist. Erich Fromm, der berühmte Philosoph der Liebe, schrieb in seinem Buch «Die Kunst des Liebens»: «Das Verlangen nach zwischenmenschlicher Vereinigung ist das stärkste Streben im Menschen. Es ist das grundlegendste Verlangen, die Kraft, die die menschliche Rasse zusammenhält, den Clan, die Familie und die Gesellschaft.»[6]

Liebe und Nähe sind zwei Seiten einer Medaille. Wen wir lieben, dem fühlen wir uns eng verbunden und vertraut. Wir empfinden eine gewisse Verantwortung für ihn. Wir möchten für ihn sorgen und wünschen uns, dass es ihm gut geht. Verliebte fühlen sich einander nah und genießen das, auch wenn diese Gefühle manchmal nur auf einer Illusion beruhen.

Auch sexuelle, rein körperliche Nähe kann ein Gefühl der Verbundenheit erzeugen. Die Medizin erklärt das mit der Ausschüttung des Hormons Oxytocin. Doch das so erzeugte Gefühl von Vertrautheit ist oft nicht von Dauer, wenn nicht mehr dazu kommt.

DIE KUNST DES LIEBENS

Wir wollen noch einmal Erich Fromm zitieren: «Trotz der tiefverwurzelten Sehnsucht nach Liebe hält man fast alle übrigen Dinge für wichtiger als sie: Erfolg, Prestige, Geld, Macht. Beinahe unsere ganze Energie brauchen wir dazu, um zu lernen, wie man diese Ziele erreicht, und fast nichts verwenden wir, um die Kunst des Liebens zu erlernen.»[7] Wenn wir uns das Gefühl von Nähe über das Stadium der Verliebtheit hinaus erhalten wollen, dann müssen wir etwas dafür tun. Ohne das ständige Bemühen, uns selbst und den anderen möglichst tief kennen und verstehen zu lernen, ist wirkliche Nähe nicht möglich. Das französische Therapeutenpaar Marie-France und Emmanuel Ballet de Coquereaumont spricht von sechs «Schlüsseln», die ein Paar sich erarbeiten muss, um zu einer echten Beziehung fähig zu sein: Beide müssen «sich kennen und schätzen, ständig kommunizieren, den anderen in seiner Individualität respektieren, ein offenes Ohr für sich selbst und den Partner haben, sich zueinander bekennen und ihre Beziehung schützen.»[8] Diese «Schlüssel» fallen uns als Paar nicht in den Schoß. Viele von uns brauchen viele Jahre, um sie sich anzueignen. Und da das Leben nicht stehen bleibt und wir alle uns im Laufe der Zeit verändern, müssen wir uns immer neu um Verständigung bemühen.

Es sind die gemeinsamen Lebens- und Liebesthemen, die uns als Paar im Laufe der Zeit immer stärker verbinden. Das können so unterschiedliche Aufgaben sein wie die Ablösung von den Eltern, die Stabilisierung der eigenen Persönlichkeit, der Wunsch nach Kindern und/oder die Realisierung materieller und ideeller Ziele. Im Laufe des Zusammenlebens ändern sich diese Themen ständig, und es ist eine der Herausforderungen an das Paar, sich ihnen immer neu zu stellen. Wenn zwei Menschen es schaffen, ihre individuellen Träume mit ihren gemeinsamen Zielen zu vereinbaren, so wird das die beiden zusammenschweißen. Wenn wir Probleme gemeinsam bewältigen, so stärkt das unser Vertrauen zueinander. Daraus kann Dankbarkeit entstehen und das Gefühl zusammenzugehören.

Das alles klingt wunderbar. Warum aber fühlen wir uns demjenigen, mit dem wir täglich Tisch und Bett teilen, manchmal so fremd und fern? Und warum fühlen sich Verliebte, selbst wenn sie sich kaum kennen, einander so vertraut?

Frisch Verliebte scheinen Differenzen einfach auszublenden. Im Alltag des Zusammenlebens, wenn wir immer mehr voneinander kennenlernen, ist uns das nicht mehr möglich. Plötzlich stören uns Marotten des Partners, die wir bisher nicht bemerkt oder stillschweigend toleriert haben. Vielleicht hat er/sie sich aber auch nur zusammengenommen? Wer schafft es aber, sich dem Menschen gegenüber, mit dem wir zusammenleben, auf Dauer von der besten Seite zu zeigen?

So scheint es uns nach Monaten oder Jahren vielleicht, dass wir uns gegenseitig weniger statt besser kennen. Wie das Idealbild der Verliebten nicht viel mit der Realität gemeinsam hatte, so ist jedoch auch das negative Bild, das wir manchmal – besonders in Stresssituationen – von unserem Partner haben, weit davon entfernt, diesem Menschen gerecht zu werden. Während wir als Verliebte durch den rosa Nebel unserer Wünsche blickten – aus gehörigem inneren Abstand, denn wir kannten uns ja kaum – so schauen wir jetzt von ganz nah, sozusagen mit dem Vergrößerungsglas auf alles, was uns am Partner stört. Das macht uns auf andere Art blind, nämlich für die Dinge, die wir am anderen schätzen und die uns miteinander verbinden.

Sozialpsychologen haben festgestellt, dass Paare, die einander in vielen Punkten ähnlich sind, es leichter miteinander haben. Sie leben mit weniger Reibungsverlusten. Doch es wäre eine Illusion zu glauben, dass es Beziehungen gibt, die über die Jahre ohne Krisen bestehen. Wenn wir die Fremdheit des anderen als Herausforderung sehen können, so haben wir die Chance, uns einander anzunähern.

Uns in diesem Sinn kennenzulernen hat immer auch mit persönlicher Reifung, mit dem Erkennen unserer eigenen Stärken und

Schwächen zu tun. Je genauer ich mich selbst kenne, desto besser kann ich zwischen dir und mir unterscheiden, desto besser kann ich die Gefühle spüren, mit denen ich auf dich reagiere, und sie von dir als Person trennen lernen. Ich verstehe dann: Die Person, die ich im Moment sehe – im Streit und auch in der Harmonie –, das ist auch das Bild, das ich von dir habe.

Und da sind noch die Faszination, der Zauber, die Magie, ohne die kein Funke überspringt, auch wenn unsere statistischen Chancen, dass wir zusammenpassen, noch so hoch sind. Sie können wir nutzen, um uns wiederzufinden, wenn wir uns voneinander entfernt haben.

ICH MAG ES, WENN DU ...

Die Idee zu dem folgenden Satz-Ergänzungsspiel stammt von der amerikanischen Therapeutin Lori Gordon[9]. Es hilft Ihnen herauszufinden, welche Art Unterstützung Sie voneinander erhoffen, wenn Sie sich niedergeschlagen oder erschöpft fühlen.

- Lesen Sie Ihrem Partner die unten aufgeführten Satzanfänge vor. Hören Sie sich in Ruhe seine Sätze an und denken Sie einen Moment darüber nach.
- Rollentausch. Nun sind Sie selbst an der Reihe, die Sätze zu vervollständigen; der Partner liest Ihnen dazu die Satzanfänge vor.
- Tauschen Sie sich über die Ähnlichkeiten und Unterschiede in Ihren Bedürfnissen aus.

Hier die zu vervollständigenden Sätze:
- Wenn ich krank bin, mag ich es, wenn du ...
- Wenn ich müde bin, mag ich es, wenn du ...
- Wenn ich mir Sorgen mache, finde ich es gut, wenn du ...
- Wenn ich vor etwas Angst habe, finde ich es gut, wenn du ...
- Wenn ich unglücklich bin, mag ich es, wenn du ...
- Wenn es für mich etwas zu feiern gibt, mag ich es, wenn du ...

WUSSTEST DU DAS?

In diesem Experiment geht es hauptsächlich darum, dass wir uns gegenseitig besser kennenlernen.

✻ Bitten Sie Ihren Partner den ersten der unten angeführten Sätze zu vervollständigen.
✻ Dann sind Sie an der Reihe, denselben Satz zu Ende zu führen.
✻ Beim nächsten Satz beginnen Sie dann selbst usw. (Verzichten Sie darauf, bei den einzelnen Sätzen weit auszuholen. Jeder von Ihnen soll sich zunächst darauf beschränken, den jeweiligen Satzanfang möglichst spontan zu ergänzen.)
✻ Wenn alle Sätze auf diese Weise durchgespielt sind, können Sie Ihre Reaktionen austauschen. Was hat Sie überrascht? Nachdenklich gemacht? Gefreut?

- Als meine wichtigste Qualität würde ich ... bezeichnen.
- Wenn ich mich nicht verstellen müsste, wäre ich ...
- Meine größte Angst ist ...
- Meine tiefste Sehnsucht ist ...
- Wenn ich in deine Augen sehe ...
- Der seltsamste Gedanke, den ich je hatte ...
- Das schwierigste an der Ehe/Partnerschaft ist meiner Meinung nach ...
- Wenn ich einen Wunsch frei hätte, würde ich ...
- Am zufriedensten fühle ich mich, wenn ...
- Das Leben fällt mir am schwersten, wenn ...

FÜNFZEHN-MINUTEN-INTERVIEW

- Sie haben jeder fünfzehn Minuten Zeit, um möglichst viel Neues über den anderen herauszubekommen. Zensieren Sie Ihre Fragen nicht. Es können ruhig ein paar «verrückte» dabei sein, z.B.: Was würdest du mit einer Million Euro machen? Mit welchem Filmstar würdest du am liebsten einen Tag verbringen? Welche drei Dinge möchtest du unbedingt noch erleben? Lassen Sie Ihrer Neugier freien Lauf!
- Rollentausch
- Gespräch: Welche Antwort meines Partners/meiner Partnerin hat mich am meisten überrascht? Hat mich vielleicht sogar eine meiner eigenen Antworten überrascht?

ZAUBER DER NÄHE

Sie brauchen: Schreibpapier, Klebestreifen und ein kleines Foto von jedem.

- Jeder nimmt ein Blatt Papier und schreibt darauf einen Text zum Thema: Ich fühle mich dir nah, wenn ... (5-10 Minuten)
- Lesen Sie sich die Texte gegenseitig vor, ohne über den Inhalt zu diskutieren.
- Nun soll jeder von Ihnen ein Stück Papier in der Größe des Fotos zuschneiden, das er vom Partner vor sich liegen hat.
- Schreiben Sie beide auf Ihr Blatt einen Zauberspruch, von dem Sie glauben, dass er das Herz des anderen erreicht.

- Das Blatt wird nun mit dem Text nach unten so gegen das Foto geklebt, dass Foto und Text nicht mehr sichtbar sind. Die Außenseiten dieses Papiermedaillons können je nach Phantasie und Lust dekoriert werden.
- Bewahren Sie das so entstandene «Amulett» an einem passenden Ort auf: in der Brust- oder Handtasche, im Tagebuch o. Ä.
- Nach einem Jahr können Sie die Amulette gemeinsam hervorholen und überlegen, was Sie damit tun möchten.

MIT DEM HERZEN SEHEN

Wenn wir nachfühlen können, was unser Partner als Kind erlebt hat, dann sind wir ihm einen großen Schritt nähergekommen. Für eine Liebesbeziehung ist das Verständnis und der Respekt für die Vergangenheit des anderen ein wichtiger Grundstein.

- Beide bringen je drei Kinderfotos von sich in verschiedenen Altersstufen mit. Jeder vertieft sich für eine Weile schweigend in die Kinderbilder des anderen. Die Fotos sollen zunächst nicht kommentiert werden. Hier geht es darum, den anderen «mit dem Herzen» zu sehen.
- Jeder schreibt einen Brief an das Kind, das der andere einmal war. Lassen Sie sich dafür mindestens eine halbe Stunde Zeit.
- Tauschen Sie die Briefe aus und lesen Sie diese in Ruhe.
- Gespräch.

KÖNIG ODER KÖNIGIN FÜR EINEN ABEND

In Zeiten unterschwelliger Disharmonie neigen wir dazu, uns durch halbherzige Kompromisse gegenseitig die Suppe zu versalzen: «Ich bin bereit, mit dir ins Kino zu gehen, aber dann will ich bestimmen, welchen Film wir sehen» (obgleich der andere eigentlich einen ganz bestimmten Film sehen wollte). Oder: «Ich bin bereit, mit dir ins Kino zu gehen, wenn wir rechtzeitig zum Sportstudio zurück sind.» Der andere wollte aber den Abend gern zu zweit bei einem Glas Wein und/oder im Bett ausklingen lassen. Er gibt zähneknirschend nach, und am Ende sind beide unzufrieden. In diesem Experiment können wir üben, uns ab und zu ganz nach den Vorstellungen des anderen zu richten. Dann stehen die Chancen für das Gelingen einer gemeinsamen Unternehmung wesentlich besser.

❊ Verabreden Sie sich für je einen Abend, an dem jeder von Ihnen einmal Königin bzw. König sein darf. Der Glückliche hat das Recht zu bestimmen, wie Sie beide den Abend verbringen, während der Partner gute Miene zu allem machen und die gemeinsamen Aktivitäten nach Kräften genießen soll.

LOVE-
STORY

Diese Übung erfordert etwas Mut und viel Toleranz. Sie sollten sie sich nur vornehmen, wenn Sie in ausgeglichener Stimmung sind, offen und neugierig auf den anderen.

- Erzählen Sie einander die Geschichte Ihrer ersten Liebe. Bevor einer von Ihnen beginnt, sollten Sie sich genügend Zeit nehmen, um sich in Ruhe in die Lebensphase zurückzuversetzen, als Sie zum ersten Mal verliebt waren. Lassen Sie die Person, die Umstände und den Verlauf der Beziehung vor Ihrem inneren Auge lebendig werden.
- Schildern Sie Ihrem Partner den Menschen, in den Sie verliebt waren, und den Verlauf Ihrer Beziehung zu ihm. Beschreiben Sie, was Sie damals empfunden, erlebt oder vielleicht durchgemacht haben.
  Wenn es Ihnen gelingt, Ihre Emotionen nachfühlbar zu machen, so öffnen Sie ihrem Partner ein Fenster zu Ihrer Seele. – Der andere hört schweigend zu.
- Rollentausch.

Wenn der Zuhörer Gefühle von Eifersucht empfindet, so ist das normal, zumal viele von uns dazu neigen, die Vergangenheit in rosigem Licht zu sehen, verflossene Liebesbeziehungen also vielleicht zu idealisieren. Je offener Sie beide mit diesen Gefühlen umgehen können, umso mehr werden Sie von diesem Ausflug in Ihre emotionale Vergangenheit für Ihre Beziehung profitieren.

LIEBES-BIOGRAFIE

Die Geschichte unserer Liebesbeziehungen hat uns geprägt. Wir haben vielleicht schmerzliche Erfahrungen gemacht, die möglicherweise auch unsere jetzige Beziehung belasten.

Sie brauchen für dieses Gespräch genügend Zeit. Ein Nachmittag oder Abend ohne Zeitlimit eignet sich am besten. Denn Sie sollten beide zum Zuge kommen.

❊ Nehmen Sie jeder ein Blatt Papier und schreiben Sie darauf die Namen der wichtigsten Liebespartner, die Sie vor Ihrer jetzigen Beziehung hatten.

❊ Denken Sie nun über die folgenden Fragen nach:

- Wie hat jede dieser Beziehungen begonnen und wie und warum endete sie?
- Welche Probleme gab es und wie gingen Sie damit um?
- Inwiefern hat jede dieser Beziehungen mein Verständnis von Liebe, Vertrauen und Nähe beeinflusst?
- Was habe ich daraus über mich selbst gelernt?
- Welches waren die schönsten Seiten dieser Beziehungen?
- Welches waren die schmerzhaftesten Aspekte?

❊ Einer von Ihnen kann nun beginnen, über seine Erfahrungen zu sprechen. Der andere hört schweigend zu.

❊ Rollentausch.

Versuchen Sie im anschließenden Gespräch wertende Vergleiche und Urteile zu vermeiden. Wichtig ist, dass jeder von Ihnen die Vorgeschichte des anderen kennenlernt. Keiner sollte sich zum Richter oder Analytiker des anderen machen, denn das würde die weitere Vertrauensbildung stören.

Wichtig: Stellen Sie zum Abschluss gemeinsam fest, was das Besondere an Ihrer aktuellen Beziehung ist.

WAS DIE BEZIEHUNG STÄRKT

Sie benötigen Schreibpapier, eine Kerze und ca. zwei Dutzend Teelichter.

- Vor Beginn der Übung sollten Sie sich einige Minuten der Entspannung gönnen.
- Nehmen Sie sich jeder zwei Bögen Schreibpapier und notieren Sie auf dem einen alle Gedanken, die Ihnen zu der Frage «Was stärkt unsere Beziehung?» durch den Sinn gehen, auf dem anderen Ihre Gedanken zu der Frage: «Was schwächt unsere Beziehung?».
- Tauschen Sie die Blätter aus und nehmen Sie schweigend zur Kenntnis, was Ihr Partner/Ihre Partnerin aufgeschrieben hat. Fragen Sie nach, wenn Sie etwas nicht genau verstehen, aber versuchen Sie nicht, den anderen von Ihrer Meinung zu überzeugen.
- Entspannen Sie sich für ein paar Minuten ...
- Setzen Sie sich dann einander gegenüber, an einem Tisch oder am Boden. Zünden Sie eine Kerze in der Mitte zwischen sich an.
- Denken Sie nun noch einmal über das Thema «Was unsere Beziehung stärkt» nach. Jeder von Ihnen spricht einen Gedanken aus – den er notiert hat oder der ihm jetzt neu durch den Sinn geht – und zündet dafür ein Teelicht an. Denken Sie dabei nicht nur an persönliche Qualitäten, sondern auch an Dinge, die Sie gemeinsam genießen können, wie ein gutes Essen, eine Wanderung, Spaß mit Freunden etc. Das können auch Dinge sein, von denen Sie sich wünschen, dass sie in Zukunft stärker zu ihrem Recht kommen.

  Die Teelichter werden um die Kerze in der Mitte gruppiert, sodass mit der Zeit hoffentlich ein Lichtermeer entsteht ...

WAS WIR UNS WÜNSCHEN

Für dieses Ritual brauchen Sie ein Stück dickes Garn (ca. 1 m), viele Streifen (ca. 2 cm breit und 10 cm lang) aus buntem Papier, oder Stoff sowie zwei Filzschreiber.

- Setzen Sie sich einander gegenüber, an einem Tisch oder am Boden.
- Denken Sie darüber nach, was Sie sich für Ihre Beziehung wünschen.
- Abwechselnd sollen nun beide ihre Wünsche aussprechen. Jeder Wunsch wird dann auf einen der Stoff- oder Papierstreifen geschrieben und in das Garn eingeknotet.
- Hängen Sie die Kette, die auf diese Weise entsteht, an einem gut sichtbaren Ort auf – als Glücksbringer und Inspiration für die Zukunft.

MEDITATIVER DIALOG

Ein «meditativer Dialog» ist eine Unterhaltung ohne Ziel. Sein Zauber liegt in der Spontaneität und Absichtslosigkeit.

- Suchen Sie sich einen bequemen Platz nahe beieinander im Sitzen oder im Liegen.
- Schließen Sie die Augen und entspannen Sie sich. Sie können gleich mit Ihrer Stimme Kontakt zueinander aufnehmen.
- Sobald ein Gedanke oder ein Gefühl auftaucht, teilen Sie es Ihrem Partner in einem oder zwei Sätzen mit. Atmen Sie dann tief

ein und lassen den Gedanken oder das Gefühl mit dem Ausatmen wieder los. Zensieren Sie Ihre Gedanken und Empfindungen so wenig wie möglich. Falls Sie etwas nicht aussprechen mögen, schweigen Sie einfach und warten ab, was Ihnen als Nächstes durch den Sinn geht und mitgeteilt werden möchte.

- Der Partner, der zugehört hat, spricht nun seinerseits ein Gefühl oder einen Gedanken aus. Daraufhin atmet auch er tief ein und wieder aus usw.
- Während Sie abwechselnd sprechen, entsteht ein ungewohnter Dialog. Reden Sie nicht zu lang und kommen Sie jedes Mal zur tiefen Atmung zurück. Sollten Sie den meditativen Faden verlieren, atmen Sie ruhig weiter und konzentrieren Sie sich auf Ihren Körper. Wer weitermachen mag, knüpft wieder an.
- Wenn einer von Ihnen den Dialog beenden möchte, teilt er das einfach mit. Reichen Sie einander dann die Hände und schließen Sie die Übung mit einer freundlichen Bemerkung. Machen Sie danach, wenn Sie mögen, einen gemeinsamen Spaziergang.

HÄNDE ERFORSCHEN

Hier geht es darum, dass wir die Hände unseres Partners erkunden und auf ungewohnte Weise Zärtlichkeit ausdrücken.

- Setzen Sie sich so nah zusammen, dass Sie bequem die Hände Ihres Partners/Ihrer Partnerin in die Ihren nehmen können. Einer von Ihnen schließt nun die Augen und überlässt dem anderen beide Hände.
- Der Sehende wendet seine ganze Aufmerksamkeit diesen Händen zu. Erforschen Sie die Hände so genau wie möglich. Wie fühlt sich der Handrücken an, wie die Handfläche? Haben die

einzelnen Finger bestimmte Charakteristika? Wo ist die Hand weich? An welchen Stellen ist sie hart? Gibt es Unterschiede zwischen der rechten und der linken Hand? Schimmern die Adern durch die Haut? Usw.

- Wenn Sie das Gefühl haben, die Hände Ihres Partners so gut zu kennen, dass Sie sie beschreiben könnten, ohne sie zu sehen, gehen Sie dazu über, die Hände sanft zu massieren und zu streicheln. Sind die Hände angespannt oder locker? Können Sie mit leichter Massage und Streicheln erreichen, dass Ihr Partner Ihnen seine Hände völlig entspannt anvertraut?
- Tauschen Sie nun die Rollen, ohne zwischendurch miteinander zu sprechen.
- Gedankenaustausch: Wie fühlte ich mich in der Rolle des Forschers? Habe Ich etwas entdeckt, was neu für mich war? Was war angenehmer – dem anderen meine Hände zu überlassen oder selbst aktiv zu sein? Was habe ich sonst bei dieser Übung erlebt?

RÜCKEN AN RÜCKEN

Der Rücken ist eine viel strapazierte Partie unseres Körpers. Wir treiben vielleicht Sport, um ihn in Form zu halten. Überraschend ist, wie viel wir mit unserem Rücken empfinden und ausdrücken können.

- Setzen Sie sich Rücken an Rücken auf den Boden. Schließen Sie die Augen und lassen Sie schweigend Ihre Rücken miteinander Kontakt aufnehmen. Sitzen Sie eine Weile ganz still und spüren Sie, was Sie im Augenblick mit Ihrem Rücken empfinden ...
- Lenken Sie nun Ihre Aufmerksamkeit auf den Rücken Ihres Partners. Stellen Sie sich vor, Sie wären taub, blind und stumm und

Ihr Rücken wäre die einzige Kommunikationsbrücke zum anderen. Bewegen Sie dann Ihren Rücken ein wenig und beginnen Sie auf diese Weise mit Ihrem Partner eine stumme Unterhaltung. Drücken Sie mit Ihrem Rücken aus, was immer an Gefühlen oder Wünschen in Ihnen wach wird. Und spüren Sie, wie sich der Rücken Ihres Partners anfühlt und was er Ihnen zu sagen hat. Lassen Sie sich einige Minuten Zeit, um in Ruhe eine Unterhaltung der Rücken zu führen. Erforschen Sie die verschiedenen Möglichkeiten, sich mit dem Rücken zu verständigen.

✻ Nach ein paar Minuten können Sie sich dann verabschieden, indem Sie ein wenig voneinander abrücken. Bleiben Sie mit geschlossenen Augen noch eine Weile sitzen, um den Gefühlen nachzuspüren, die das Experiment in Ihnen wachgerufen hat. Öffnen Sie erst dann die Augen, strecken sich etwas und wenden sich wieder einander zu.

✻ Gespräch: Was habe ich während der Rücken-Kommunikation empfunden? Was habe ich für Botschaften empfangen? Was habe ich gesendet?

DEIN GESICHT

Dieses Experiment ist eine kleine Übung in Zärtlichkeit und Vertrauen. – Manchmal verlieren wir einander und empfinden einen Abstand, der schmerzt. Dies ist eine einfache Möglichkeit, uns wieder zu begegnen. Das Gesicht des Partners ist ein Fenster, durch das wir nach innen schauen können. Wir verstehen ohne zu wissen.

✻ Setzen Sie sich auf zwei Stühlen einander so gegenüber, dass Sie sich gegenseitig die Hände auf die Schultern legen können.

✻ Einer von Ihnen soll jetzt die Augen schließen. Der andere kann nun das Gesicht seines Gegenübers in Ruhe betrachten: Schauen Sie das Gesicht an, als sähen Sie es zum ersten Mal. Betrachten Sie es ganz objektiv, wie eine Landschaft, mit Hügeln und Tälern, Ebenen und Steilhängen, sanften Fluren und Felsvorsprüngen.

* Ohne zu sprechen und ohne das Gesicht des Partners zu berühren, beginnen Sie nun, langsam und ausführlich alle Linien dieses Gesichts mit dem Zeigefinger nachzuziehen, so als würden Sie es zeichnen. Zeichnen Sie harte Kanten und weiche Linien nach.
* Wenn Sie Ihre «Skizze» abgeschlossen haben, fangen Sie bitte an, das Gesicht vor sich noch einmal nachzuzeichnen. Diesmal dürfen Sie es dabei zart berühren: Stirn und Augenbrauen, Schläfen und Augenlider, Wangen und Kinn, Nase und Lippen.
* Tauschen Sie nun die Rollen, ohne zwischendurch miteinander zu sprechen.
* Gespräch: Was habe ich erlebt, als ich dein Gesicht auf diese Weise erforschte? – Wie war es, als ich von dir so intensiv angeschaut wurde?

ZWÖLF STUNDEN NUR MIT DIR

Nathaniel Branden, amerikanischer Beziehungsexperte, schlägt Paaren, die sich entfremdet haben, folgendes Experiment vor: Sie sollen zwölf Stunden zusammen in einem Raum verbringen. Alle Störungen müssen ferngehalten, Klingel und Telefon abgestellt, Kinder außer Haus untergebracht werden. Fernsehen, Lesen oder andere Ablenkungen sind nicht erlaubt. Beide müssen zustimmen, dass sie, ganz egal was der andere sagt, den Raum nicht verlassen. Natürlich darf keine Gewalt angewandt werden.

Die Partner können schweigen, wenn sie das möchten, aber sie müssen zusammenbleiben. Sie können in dieser Zeit über alles reden, vorausgesetzt es ist persönlich. Gespräche über die Arbeit, Probleme der Kinder in der Schule, Dinge, die den Haushalt betreffen usw. sind dagegen nicht erlaubt. Jeder soll über sich selbst und über die Beziehung sprechen.

Viele Paare, die dieses Experiment gewagt haben, berichten, dass in den ersten Stunden ein gewisses Unbehagen zwischen ihnen herrschte. Manche scherzen dann, um diese Gefühle zu überspielen. Doch fast immer beginnen die Paare nach einiger Zeit zu sprechen. Vielleicht redet ein Partner über etwas, was ihn geärgert hat. Vielleicht entsteht ein Streit. Aber dann, nach weiteren Stunden, verändert sich in den meisten Fällen die Situation vollständig. Eine wachsende Nähe, eine neue Intimität entsteht. Viele Paare schlafen miteinander. Beide sind danach meist guter Stimmung, und häufig schlägt einer dann vor, das Experiment zu beenden, weil es «so gut funktioniert hat», und stattdessen ins Kino zu gehen, Freunde zu besuchen oder wenigstens *irgendetwas zu tun.*

Wenn die Partner sich jedoch an die ursprüngliche Vereinbarung halten, erreichen sie, wie Branden berichtet, schon bald eine noch tiefere Ebene des Kontakts, und die Bandbreite der Kommunikation wird größer. Oftmals teilen sie einander dann Gefühle, Träume und Sehnsüchte mit, über die sie noch nie zuvor gesprochen haben. Sie entdecken bei sich selbst und beim Partner Dinge, die sie zuvor nicht wahrgenommen haben. Sie beginnen zu lernen, was Nähe bedeutet. In fast allen Fällen berichten die Paare, dass ihre Gefühle und ihre emotionale Verbundenheit schrittweise tiefer wurden. Sie fühlten sich in wachsendem Maße lebendig.

Nach Brandens Erfahrung ist es eher selten, dass ein solches Experiment kein glückliches Ende hat. Er bemerkt dazu: «Wenn sich zwei Menschen lieben, aber nicht in der Lage sind, eine funktionierende Beziehung herzustellen bzw. effektiv miteinander zu kommunizieren, dann kann eine solche Zwölf-Stunden-Sitzung radikale Veränderungen in der Qualität ihrer Beziehung herbeiführen. Eine davon ist die Entdeckung kommunikativer Fähigkeiten, von denen sie nicht einmal im Traum gedacht hätten, dass sie darüber verfügen.»[10]

GEMEINSAM ATMEN

«Gemeinsam atmen» ist eine einfache Methode, die uns hilft, schnell ein Gefühl von Nähe aufzubauen.

- Wenn Sie abends zu Bett gehen, legen Sie sich neben Ihren Partner und registrieren Sie, wie er oder sie atmet. Lassen Sie sich in den Atmenrhythmus Ihres Partners einsinken, synchronisieren Sie Ihr Atmen mit dem Ihres Partners, während Sie langsam in den Schlaf hinübergleiten.
- Der Zauber wirkt noch stärker, wenn der Partner dasselbe tut. Wenn Sie beide nebeneinander liegen, wird Ihr Bewusstsein im Rhythmus Ihres gemeinsamen Atmens sanft hin- und herfließen, während eine Fülle von Empfindungen, Gedanken und Bildern durch Ihren Geist zieht. Auf diese Weise werden Sie mit einem starken Gefühl der Geborgenheit und Nähe in den Schlaf sinken, das auch am nächsten Morgen noch spürbar ist.

Variante: Wenn Sie möchten, können Sie sich auch einander gegenüber setzen, an einem Tisch oder auf dem Boden, und bewusst zusammen atmen. Sie können dies in Ihrem natürlichen Atemrhythmus tun oder strukturiert, z. B. indem Sie einatmen, während Ihr Partner ausatmet, und ausatmen, während Ihr Partner einatmet. In der tantrischen Tradition des Ostens wird dies von vielen als der spirituelle erotische Höhepunkt betrachtet.

WER BIN ICH? – WER BIST DU?

«Wenn wir lieben, entdecken und vervollständigen wir unser Selbst in einem anderen Menschen.»
Teilhard de Chardin

Der Film «Alle sagen I Love You» von Woody Allen ist eine wunderbare Studie über die verschiedenen Gesichter der Liebe. Die frisch Verlobten Skylar und Holden sprechen bei einem Essen im Restaurant zum ersten Mal über ihre gemeinsame Zukunft. Das Gespräch beginnt ganz harmlos; beide gehen offensichtlich davon aus, dass sie die gleichen Vorstellungen haben. Doch weit gefehlt: Sie sieht sich als erfolgreiche Journalistin, die vielleicht irgendwann einmal ein oder zwei Kinder haben und, natürlich, in der Metropole New York leben wird. Er träumt von einem Heim mit mindestens vier Kindern mit ihr als Hausfrau und Mutter, in einer idyllischen Kleinstadt in der Nähe seiner Eltern. Jung und verliebt wie sie sind und überzeugt davon, in allem ein Herz und eine Seele sein zu müssen, fallen die beiden aus allen Wolken – und wechseln rasch das Thema, aus Angst vor Streit und einem Ende der Harmonie.

Wenn wir uns kennenlernen, treffen nicht nur zwei Individuen aufeinander mit einer ganz unterschiedlichen Vergangenheit, es begegnen sich zwei Welten: Wir sitzen zu zweit am Tisch und hinter jedem von uns stehen, unsichtbar, Vater und Mutter, die Geschwister, Großeltern, Lehrer und alle, die irgendwann für uns wichtig waren. Wir liegen zusammen im Bett, und unser beider Clan kauert unsichtbar in den Winkeln des Raums, bereit zu urteilen und zu verurteilen oder, wenn wir Glück haben, gutzuheißen ... Da das so ist, haben es Menschen mit einem ähnlichen familiären und sozialen Hintergrund oft leichter, miteinander auszukommen. Und Aschenputtel wäre vermutlich mit dem Prinzen in Wirklichkeit nicht glücklich geworden.

Je besser wir uns kennenlernen, desto stärker werden wir uns unserer Unterschiede bewusst – selbst wenn wir unter vergleichbaren Umständen aufgewachsen sind und unsere Erziehung durch ähnliche Werte und Ziele geprägt war. Die Zeit der Reibung beginnt. Wir haben dann die Wahl, den anderen in unserem Sinne verändern zu wollen oder ihn so zu akzeptieren, wie er ist.

Fritz Perls verfasste Ende der 60er Jahre sein berühmtes «Gestalt-Therapie-Gebet»[11]. Es lautet so:

> Ich lebe mein Leben, und du lebst das deine.
> Ich bin nicht auf der Welt,
> um deinen Erwartungen zu entsprechen.
> Und du bist nicht auf der Welt, um meinen zu entsprechen.
> Du bist du und ich bin ich.
> Und wenn wir uns zufällig finden, so ist das schön.
> Wenn nicht, dann ist auch das gut so.

Die Zeit, in der das Gedicht entstand, war geprägt von dem Streben der Nachkriegsgeneration nach der Befreiung von traditionellen sozialen Normen. Man wollte die alten Rollenmodelle der Eltern hinter sich lassen. Der Einzelne hatte die Verantwortung für sich zu übernehmen. Seine persönliche Reife stand im Mittelpunkt, die er, so glaubte man, besser erreichen konnte, je eigenständiger und unabhängiger von sozialen Bindungen er war. Die Liebe war wichtig, aber nicht um den Preis der Anpassung an andere Menschen.

Die Gefahr ist in der Tat groß, dass wir uns in einer Liebesbeziehung von unserem Partner abhängig machen und darüber die Verantwortung für uns selbst und unsere Entwicklung vergessen. Wir leben dann ständig in der Angst, den anderen zu verlieren und unternehmen jede Anstrengung, ihn an uns zu binden. Eine solche emotionale Abhängigkeit zwischen den Partnern führt dazu, dass die beiden sich gegenseitig hemmen. Es kommt zu charakteristischen Störungen, z. B. dass einer von beiden sich anzuklammern sucht, während der andere flieht.

Harriet Lerner schreibt in ihrem Buch «Zärtliches Tempo»: «Wenn Paare wegen ihrer Beziehungsprobleme in Therapie kommen, sind sie grundsätzlich partnerfixiert, das heißt, jeder Partner sieht den anderen als ‹das Problem› an und meint, das Problem wäre gelöst, wenn der (oder die) andere zur Veränderung bereit sei ... Was geschieht, wenn ein Paar über einen längeren Zeitraum partnerfixiert bleibt? *Sie* besteht darauf, dass die Beziehung sich nur verbessern kann, wenn *er* endlich mehr Verantwortung übernimmt. *Er* sagt, es liege nur an *ihr*: *Sie* sollte weniger nörgeln und mehr Sensibilität für seine Bedürfnisse aufbringen. Also was geschieht? Es kommt zu keiner Veränderung.»[12]

Jeder Veränderungsschritt erfordert, so Lerner, eine Entwicklung des Einzelnen in Richtung auf mehr Selbst. Unsere Versuche den anderen zu bessern oder zu verändern sind unproduktiv (denn das ist ohnehin nicht möglich). Daher sollten wir die Energie, die wir darauf verwendet haben, in die Arbeit an uns selbst investieren. Nur so schaffen wir es, uns aus eingefahrenen Mustern zu befreien und in der Beziehung neue Wege zu beschreiten. Denn hier – in unserem eigenen Verhalten – liegt die einzige Möglichkeit zu aktiver Veränderung.

BILDER AUS DER KINDHEIT

Normalerweise lernen sich Paare als Erwachsene kennen. Die meisten Verliebten sprechen zwar viel miteinander und erzählen sich auch Geschichten aus ihrer Kindheit. Vieles, was wir in unseren ersten Jahren erlebt haben, bleibt jedoch ungesagt. Manches ist uns selbst kaum bewusst. Unsere Erinnerungen – gute wie schlechte – sind kein unveränderliches Abbild dessen, was wir als Kinder erfahren haben. Sie können verblassen, es können neue Bilder aus der Vergessenheit auftauchen. Die Erinnerungen verändern sich mit uns. Es ist also lohnend, sie ab und zu hervorzuholen und mit unserem Partner zu teilen.

Für dieses Experiment brauchen Sie Papier und dicke Filzstifte oder Ölkreiden. Das Zeichnen hilft uns, unsere Erinnerungen aus einem neuen Blickwinkel zu sehen. Ja, es kann sogar neue Erinnerungen zutage fördern.

- Setzen Sie sich an einem Tisch einander gegenüber.
- Schließen Sie für ein paar Minuten die Augen und denken Sie an Ihre Kindheit zurück. Lassen Sie einzelne Gegenstände vor Ihrem inneren Auge auftauchen, die in Ihrer Kindheit eine Rolle spielten. Das kann ein Spielzeug sein, das Sie besaßen oder gern besessen hätten, ein Möbelstück, das Auto der Familie, eine Mütze, die sie tragen mussten, obwohl Sie sie nicht mochten etc.
- Öffnen Sie dann die Augen und zeichnen Sie auf ein Blatt den Gegenstand, den Sie am deutlichsten vor sich gesehen haben.
- Schließen Sie nun ein zweites Mal die Augen. Versetzen Sie sich noch einmal in die Zeit zurück, aus der der Gegenstand stammt, den Sie gerade gezeichnet haben. – Hatten Sie damals einen besten Freund oder eine beste Freundin? Oder gab es ein Tier, das Sie besonders liebten? Lassen Sie die Person oder das Tier möglichst plastisch vor Ihrem inneren Auge erscheinen.

- Öffnen Sie die Augen wieder und skizzieren Sie auf Ihr Blatt ein Bild des Wesens, das Sie gerade vor sich sahen.
- Schließen Sie nun wiederum die Augen. Erinnern Sie sich jetzt bitte an Wünsche und Träume Ihrer Kindheit. Wollten Sie gern Tennis spielen lernen? Träumten Sie davon, im Ballett zu tanzen? Hatten Sie damals einen bestimmten Berufswunsch?
- Öffnen Sie die Augen und deuten Sie zeichnerisch an, was Ihnen gerade durch den Kopf ging.
- Zeigen Sie einander nun Ihre Zeichnungen und erzählen Sie etwas dazu. Konzentrieren Sie sich als Zuhörer bitte auf die Bilder. Fragen Sie, wenn Sie etwas nicht genau erkennen können. Lassen Sie sich die Gegenstände, die skizzierten Personen oder Tiere möglichst genau erläutern. Sie werden einen kleinen Schritt in die Kinderwelt Ihres Partners tun und vielleicht den einen oder anderen unerfüllten Traum verstehen lernen.

MEHR AUS MEINER VERGANGENHEIT

Dieses Experiment kann uns helfen, den Dingen auf die Spur zu kommen, die uns in der Kindheit geprägt haben.

Die Schreibanweisungen zu diesem Experiment sind sehr detailliert. Der Grund ist folgender: Wenn wir uns an unsere Kindheit erinnern und davon erzählen, geht unser Gedächtnis häufig ausgetretene Wege. Es tauchen immer wieder dieselben schmerzhaften oder glücklichen Bilder in uns auf, die wir schon seit langem gründlich analysiert und abgespeichert haben, oft in festen, stereotypen Formulierungen. Wenn wir uns hingegen die Zeit nehmen, einzelne Erinnerungsbruckstücke auftauchen zu lassen, ohne sie gleich zu einem sinnvollen Ganzen zusammenzufügen, können wir Überraschungen erleben. Die Puzzleteile formen sich zu etwas Unbekanntem, manchmal tauchen sogar völlig neue Elemente auf, die erst mit etwas Abstand betrachtet einen Sinn ergeben.

Sie benötigen Papier und Schreibzeug.

❊ Nehmen Sie beide an einem Tisch Platz.

❊ Schließen Sie die Augen und lassen Sie die Gedanken in Ihre Kindheit wandern, so weit zurück, wie es Ihnen möglich ist. – Welches Bild taucht vor Ihnen auf? Wie sehen Sie sich selbst in diesem Bild? Welche anderen Personen sind bei Ihnen? Wie verhalten sich diese Personen zu Ihnen? Wie fühlen Sie sich? – Schauen Sie sich selbst an, dieses Kind, das Sie damals waren. Wie wirkt es auf Sie? Was tut oder denkt es?

❊ Nehmen Sie nun ein Blatt zur Hand. Teilen Sie das Blatt mit einer senkrechten Linie in zwei Hälften. Schreiben Sie über die linke Hälfte des Blattes «Meine Mutter» (oder den Namen der Frau, die sich damals um Sie kümmerte), über die rechte Hälfte «Mein Vater» (oder den Namen des Mannes, der sich damals um Sie kümmerte). Teilen Sie das Blatt nun noch einmal quer.

❊ Schreiben Sie nun bitte alle Eigenschaften Ihrer Mutter und Ihres Vaters – positive und negative – auf das Blatt. Die positiven in die oberen Viertel, die negativen in die unteren. Lassen Sie sich zehn Minuten Zeit für diese Bestandsaufnahme.

❊ Nehmen Sie nun bitte ein weiteres Blatt. Es erhält die Überschrift «Was mich als Kind frustrierte». Schreiben Sie auf dieses Blatt nun all das, was Sie als Kind an Schwierigkeiten, Enttäuschungen und Verletzungen erlebt haben. Das können Gefühle sein, wie z.B.: «Ich fühlte mich oft allein», aber auch Ereignisse. Notieren Sie auch kurz, wie Sie als Kind auf all das reagiert haben (mit Protest, mit Sorge, mit Rückzug, mit besonderem Fleiß etc.).

❊ Nehmen Sie sich jetzt ein drittes Blatt. Die Überschrift lautet diesmal «Glückliche Kindheitserinnerungen». Notieren Sie darauf alle Dinge aus Ihrer Kindheit, an die Sie gern zurückdenken sowie die Gefühle, die mit diesen Erinnerungen verbunden waren bzw. sind.

- Setzen Sie sich nun zusammen und tauschen Sie Ihre Blätter aus. Jeder liest in Ruhe die Notizen des Partners. Fragen Sie nach, wenn Sie etwas nicht verstehen. Lassen Sie sich in die Kindheitswelt des anderen entführen.

DAS KIND IN MIR

Für diese Übung brauchen Sie jeder ein Foto von sich im Alter von etwa sechs Jahren.

- Setzen Sie sich einander gegenüber. Zeigen Sie einander Ihre Fotos und sprechen Sie einige Minuten darüber, wie Sie sich gefühlt haben, als Sie die Kinder auf den Fotos waren.
- Führen Sie nun eine Unterhaltung aus der Perspektive dieser beiden Sechsjährigen. Bitte sprechen Sie jetzt nicht mehr *über* dieses Kind, sondern geben Sie dem Kind eine Stimme. Lassen Sie es erzählen, was es tut und wie es ihm geht. Fragen Sie sich gegenseitig – beide als Sechsjährige – über Ihr Leben, Ihre Eltern, Ihre Spielkameraden, die Schule und alles, was ein Kind in diesem Alter erlebt. Versuchen Sie dabei allmählich von den äußeren Dingen zu den Gefühlen dieses Kindes vorzudringen. Wann geht es ihm gut? Worüber ist es glücklich? Worunter leidet es? Wovor hat es Angst? Wie sieht es Vater und Mutter? Die Geschwister? Wie geht es ihm mit seinen Altersgenossen? Wie verhalten sich Vater und Mutter ihm gegenüber etc.

Aus diesem «Gespräch unter Kindern» werden Sie nicht nur Vieles über die Vergangenheit Ihres Partners erfahren. Sie werden auch Einblick bekommen in die Welt seiner gegenwärtigen Gefühle. Denn die Kinder, die wir einmal waren, leben auch heute noch in uns fort. Die Zeit und unsere Lebenserfahrung haben sie verändert. Dennoch exisitieren sie noch in unserer Seele.

Variante: Sie können die Übung ein anderes Mal fortsetzen mit Fotos aus der Zeit Ihrer Pubertät.

DEIN ALLTAG – MEIN ALLTAG

Die meisten Paare gehen einen großen Teil des Tages getrennte Wege. Normalerweise erzählen sie sich zwar gegenseitig von ihren Erlebnissen, vieles davon geht jedoch in der Hektik des Alltags unter. Die meisten von uns neigen dazu anzunehmen, der Partner wisse ziemlich genau darüber Bescheid, wie wir unsere Zeit verbringen und wie es uns dabei geht. Fast immer wissen wir jedoch zu wenig voneinander. Das schafft Distanz und Missverständnisse.

Diese Übung gibt uns Einblick, wie viel wir wirklich über das alltägliche Leben dessen wissen, der uns zumindest abends und nachts viele Stunden körperlich nah ist. Außerdem können wir Vermutungen darüber anstellen, wie der andere die einzelnen Etappen seines Tages empfindet. Es kann sehr aufschlussreich sein, wie wir uns sehen und erleben bzw. welche Gefühle und Gedanken wir beim anderen vermuten. Die Übung gibt uns die Chance, uns gegenseitig in manches Einblick zu geben, wovon wir glaubten, dass der andere es längst wüsste.

* Jeder nimmt sich Schreibzeug und ein bis zwei Bögen Papier. Es geht darum, den Alltag des anderen möglichst ausführlich zu beschreiben, nicht nur den zeitlichen Ablauf, sondern auch einzelne (echte oder erfundene) Vorkommnisse. Versetzen Sie sich in den Partner und schildern Sie, was er vom Morgen bis zum

Abend eines gewöhnlichen Tages normalerweise tut, was er erlebt, was ihm dabei durch den Sinn geht und wie er sich fühlt. Tun Sie das in der Ich-Form, also z. B.: «Morgens fällt es mir oft schwer, so früh aufzustehen» etc.

- Tauschen Sie Ihre Notizen aus und lesen Sie, was Ihr Partner/ Ihre Partnerin geschrieben hat.
- Gespräch: Was hat mich überrascht? Wie fühle ich mich jetzt?

MEINE STÄRKEN, MEINE SCHWÄCHEN

Auch für dieses Experiment brauchen Sie Schreibzeug und Papier.

- Nehmen Sie jeder ein Blatt Papier. Schreiben Sie nun auf die linke Seite untereinander Ihre drei größten Stärken. Das können intellektuelle und emotionale Stärken aber auch andere Fähigkeiten sein.
- Notieren Sie nun auf der rechten Seite neben Ihre Stärken die Eigenschaften, die Sie für Ihre drei größten Schwächen oder Fehler halten.
- Setzen Sie sich nun zusammen und kommentieren Sie für Ihren Partner das, was Sie aufgeschrieben haben. Der andere hört schweigend zu.
- Gedankenaustausch.

Zum Selbstbewusstsein gehört, dass wir unsere Stärken genauso kennen wie unsere Schwächen und dass wir offen mit beidem umgehen können. Uns zu unseren Schwächen zu bekennen, fällt uns nicht immer leicht. Sie sollten in diesem Gespräch daher nicht überkritisch miteinander umgehen und auch unvollständige Ansätze zur Selbstkritik würdigen.

VORTEILE UND LASTEN

Für die Vorteile, die wir aus unserer Beziehung gewinnen, zahlt jeder von uns einen gewissen Preis, nämlich das, was ich für den anderen tun muss, damit mir dieser Vorteil erhalten bleibt. Wir geben einander (meist unbewusst) zu verstehen: Wenn ich dir ein guter Partner/eine gute Partnerin sein soll, erwarte ich von dir, dass du ... Das mag unromantisch klingen, die Frage der gerechten Verteilung der Lasten und Vorteile ist jedoch für jede Beziehung, und auch für die Liebe, wichtig.

Mit Hilfe dieses Experiments können wir unseren gegenseitigen Erwartungen auf die Spur kommen und über ein eventuelles Ungleichgewicht miteinander verhandeln. In traditionellen Ehen waren die Verhältnisse meist einigermaßen klar: «Wenn ich die Familie ernähren soll, erwarte ich, dass du zu Hause bleibst und dich um die Kinder kümmerst.» Heute ist die Situation für die meisten Paare komplizierter. Im Prinzip hat sich aber nichts geändert, denn jeder von uns ist nur bereit zu geben, solange er auch auf irgendeine Weise zu profitieren glaubt. Ist dieses Gleichgewicht für längere Zeit stark gestört, gerät die Beziehung in die Krise. Wenn es uns jedoch gelingt, unsere gegenseitigen Erwartungen offen und liebevoll zu betrachten und die Lasten möglichst gleichmäßig zu verteilen, haben wir viel gewonnen. Auch Flexibilität ist nötig, denn unser Leben ändert sich, und so sollten wir unsere alten Erwartungen immer wieder einmal frisch unter die Lupe nehmen.

- Setzen Sie sich einander gegenüber und schließen Sie für ein paar Minuten die Augen. Denken Sie darüber nach, was Sie von Ihrem Partner/Ihrer Partnerin erwarten, damit Sie bereit sind, Ihrerseits in die Beziehung zu investieren.
- Einer von Ihnen beginnt nun und nennt eine Erwartung, dann ist der andere an der Reihe. Die Sätze sollen immer mit den Worten beginnen: «Ich erwarte von dir, dass du ... (mir täglich

zeigst, dass du mich liebst, ... dir genügend Zeit nimmst, um mit mir zu sprechen, ... Geduld mit den Kindern hast, wenn ich nervös bin, ... nicht als selbstverständlich hinnimmst, was ich täglich für uns tue, usw.»)

* Wenn Sie beide mindestens zehn Erwartungen geäußert haben, setzen Sie sich zusammen und tauschen Sie sich aus: Welche deiner Erwartungen bin ich gern bereit zu erfüllen? Durch welche fühle ich mich eingeschränkt? Von welcher (eigenen) Erwartung könnte ich mich leicht lösen? Welche Erwartungen habe ich zu nennen vergessen oder verschwiegen?

Bedenken Sie bei alledem: Es ist unmöglich, Vorteile und Lasten «objektiv» zu vergleichen. Wichtig ist, dass wir uns zusammen wohlfühlen, dass keiner über längere Zeit das Gefühl hat, ausgenutzt oder nicht genügend respektiert zu werden. Nur dann können unsere liebevollen Gefühle zueinander gedeihen. Glaubt einer von beiden zu kurz zu kommen, wird sich das rächen, auch wenn der andere meint, dafür gäbe es «eigentlich» gar keinen Grund.

EINMAL DU SEIN

Dieses Spiel wendet sich an unseren Sinn für Parodie und Übertreibung. Sie können es nach Lust und Laune in sehr unterschiedlicher Perfektion spielen. Es geht darum, dass Sie für ein bis zwei Stunden in die Haut Ihres Partners schlüpfen.

* Am schönsten ist es, wenn Sie sich tatsächlich als der andere verkleiden. Dazu sollte sich jeder ein paar Kleidungsstücke des Partners organisieren und sich unbeobachtet umziehen. Achten Sie auch auf die Frisur. Als Mann können Sie vielleicht eine Pe-

rücke oder ein Tuch zu Hilfe nehmen, als Frau Ihre Haare unter einem Hut oder einer Mütze verstecken. Treiben Sie die Verkleidung so weit, wie Sie mögen: Make-up oder ein angemalter Bart machen sich gut. Verwandeln Sie sich ganz in Ruhe äußerlich in den anderen, denn das gibt Ihnen Zeit, sich auch innerlich mit ihm zu identifizieren. – Wie hält er sich gewöhnlich? Wie geht er? Wie sind seine Bewegungen? Hat er typische Gesten beim Sprechen? etc. Üben Sie einen Moment vor dem Spiegel.

✻ Kommen Sie in einem Raum zusammen, wo es genügend Platz gibt und wo Sie ungestört sind. Wenn Sie mit Ihrem Partner zusammentreffen, müssen Sie sich auf einen heftigen Anfall von Heiterkeit gefasst machen.

✻ Erinnern Sie sich nun an den Tag, als Sie sich kennenlernten und spielen Sie diese Szene möglichst originalgetreu nach. Wer hat die Initiative ergriffen? Wie hat der andere reagiert? Worüber haben Sie gesprochen? Was haben Sie gemeinsam unternommen? Wie haben Sie sich dabei gefühlt? Alles, auch unausgesprochene Gedanken und Gefühle, sollen soweit wie möglich in Ihr Spiel einfließen. Aktivieren Sie Ihr schauspielerisches Talent! – Wenn Sie diese Szene ausgeschöpft haben, kommen Sie in die Gegenwart zurück.

✻ Spielen Sie nun irgendeine ganz gewöhnliche Tätigkeit im Haus, bei der Sie sich normalerweise im gleichen Raum aufhalten oder die Sie gemeinsam verrichten. Konzentrieren Sie sich darauf, die ganze Zeit der andere zu sein. Drücken Sie in Haltung, Gestik und Worten aus, was Sie in dieser Situation als der/die andere denken und fühlen. Führen Sie eine kleine Unterhaltung und vielleicht sogar ein kleines, typisches Streitgespräch. Als Mann könnten Sie z.B. eine häufige Klage Ihrer Frau aussprechen: «Wenn ich nach Hause komme und erfüllt bin von dem, was ich am Tag erlebt habe, dann frustriert es mich, wenn du hinter der Zeitung verschwindest und behauptest zu müde zum Reden zu sein.» Sie antwortet dann vielleicht als er: «Du kannst dir nicht vorstellen, was es bedeutet, von früh bis spät auf andere reagieren zu müssen. Dann reicht es mir abends einfach.»

Bitte denken Sie daran, dass es sich um ein Spiel handelt. Nutzen Sie die Situation bitte nicht dazu, um alte Rechnungen zu begleichen oder sich auf verletzende Weise über den Partner lustig zu machen!

- Wenn die verabredete Zeit abgelaufen ist, sollten Sie das Spiel mit einer Umarmung beenden. Schlüpfen Sie nun wieder in Ihre eigenen Kleider. Für manche ist es gut, die nächste halbe Stunde schweigend bei ruhiger Musik und in entspannter Haltung zu verbringen. Diese Pause hilft uns, inneren Abstand zu der gespielten Rolle zu gewinnen und wieder wir selbst zu werden.
- Tauschen Sie sich dann darüber aus, was Sie gerade zusammen erlebt haben.

MASKEN

Sie brauchen festen Zeichenkarton im Format DIN A4, dicke Filzstifte oder Ölkreiden, etwas Gummiband und für jeden eine Schere. (Die Idee stammt von Eva Leveton.[13])

- Nehmen Sie sich jeder einen Zeichenkarton, bunte Kreiden oder Filzstifte, etwa einen halben Meter Gummiband und eine Schere mit an einen Platz, an dem Sie unbeobachtet jeder für sich arbeiten können.
- Sie haben jetzt zwanzig Minuten Zeit, um aus dem Zeichenkarton eine Maske zu gestalten, die Ihrem Gefühl nach etwas über Sie und die Beziehung zu Ihrem Partner aussagt. Nehmen Sie vorher Maß an Ihrem Gesicht, denn dort, wo Ihre Augen sind, müssen Sie entsprechende Löcher ausschneiden. Sie sollen die Maske nämlich anschließend tragen. Grübeln Sie nicht allzu sehr darüber nach, was diese Maske ausdrücken soll. Die besten Ergebnisse bekommen Sie, wenn Sie möglichst spontan drauflos arbeiten. Je expressiver, desto besser.

- Wenn Sie ein Gesicht gezeichnet haben, das Ihnen zusagt, können Sie ihm noch mit Hilfe der Schere eine passende Form geben – kantig oder rund, lang oder breit. Stechen Sie dann mit der Schere auf jeder Seite etwa in Höhe der Ohren ein kleines Loch in den Karton. Dort werden die Enden des Gummibands durchgeführt und verknotet.
- Setzen Sie die Maske nun auf und kommen Sie mit Ihrem Partner zusammen. Spielen Sie eine Szene aus Ihrem gemeinsamen Alltag. Sie brauchen sich vorher nicht abzusprechen. Wer mag, beginnt. Der andere wird irgendwie folgen. Wenn eine Szene nichts mehr hergibt, beginnen Sie eine neue. Dabei sollten Sie sich in der Initiative abwechseln.
  Wichtig: Das alles soll schweigend, als reine Pantomime ablaufen. Die Maske würde Ihr Sprechen ohnehin behindern.
- Nehmen Sie die Masken ab und tauschen Sie sich über Ihre Erlebnisse aus.

Variante: Jeder gestaltet für den Partner eine Maske, die seinem Empfinden nach die Rolle des anderen in der Beziehung auf irgendeine Weise widerspiegelt. Weiter wie oben beschrieben.

ZEIT FÜR EINEN TRAUM

Bei frisch Verliebten steht das Wir im Vordergrund. Zu Beginn einer Beziehung ist unser Bedürfnis, eine Gemeinsamkeit aufzubauen, sehr stark. Wir möchten so viel Zeit wie möglich zusammen verbringen. In dieser Phase nehmen wir den partiellen Verzicht auf unsere individuellen Bedürfnisse und Träume noch freudig in Kauf.

Wenn ein Paar kleine Kinder hat, erfordert die Organisation des täglichen Lebens so viel Kraft, dass das Ich der Eltern häufig zu kurz kommt. Hobbys werden aufgegeben, alte Freunde vernachlässigt, alte Wunschträume geopfert. Der Job ist wichtiger als zuvor, zumal wenn nur noch einer das Geld verdient. Vielleicht sind auch eine Hypothek oder andere Kredite abzuzahlen. Daneben erfordern die Kinder viel Kraft und Zeit.

Auch wenn viele von uns die Freude an der Familie und den Kindern als beglückenden Ausgleich für die Opfer empfinden, die sie täglich bringen, so zehrt der ständige Einsatz für das Gemeinsame doch an unseren Kräften. Wo bleibe ich?, fragen sich viele Paare mit Recht. Doch manche/r hat es schon fast verlernt, sich Zeit für sich zu nehmen, um die eigenen Interessen zu pflegen oder einfach nur einmal durchzuatmen und sie oder er selbst zu sein. Wenn Sie dazu neigen, dann sollten Sie sich diese Übung vornehmen. Sie brauchen dafür Ihre Phantasie, sowie Papier und Schreibzeug.

- Nehmen Sie sich jeder einige Bögen Papier und notieren Sie darauf, was Ihnen zu folgender Frage einfällt: Wenn ich vollkommen frei entscheiden könnte, womit würde ich mehr Zeit verbringen?
  In unserer Phantasie können wir Geld und die harte Wirklichkeit außer Acht lassen. Seien Sie also mutig und erträumen Sie sich auch scheinbar Unmögliches. Sie sollten hier nicht nur alte Hobbys notieren, die Sie vielleicht aufgegeben haben. Lassen Sie Ihre Gedanken schweifen und spüren Sie auch Ideen nach, die sich vielleicht ganz weit hinten in Ihr Unbewusstes zurückgezogen haben: beiseite geschobene berufliche Träume, künstlerische Ambitionen und vieles andere mehr. Schreiben Sie in Ruhe alles auf, was Ihnen dazu einfällt.
- Setzen Sie sich nun zusammen und lesen Sie sich gegenseitig vor, was Sie geschrieben haben. Haben Sie keine Angst davor, Ihrem Partner auch verrückt scheinende Wunschträume zu offenbaren. Im Gegenteil: Wenn wir uns jahrelang nur bei sich ständig wiederholenden Tätigkeiten erleben, verlieren wir auch für den anderen an Kontur. Wir laufen Gefahr, zu Arbeitstieren zu werden. Und die sind nicht besonders attraktiv.

MEIN LEBENSWEG

Als Paar sind wir immer beide von Veränderungen betroffen, auch wenn nur einer von uns ungewohnte Schritte tut. Jeder von uns muss für sich selbst den Mut zur Veränderung aufbringen, andererseits brauchen wir die Unterstützung des Partners, wenn wir unsere Träume realisieren wollen. Deshalb müssen wir im Auge behalten, dass die Belastungen für den anderen – vor allem wenn Kinder da sind – zumutbar bleiben. Umgekehrt gilt: Wenn der Partner uns ohne triftige Gründe daran hindert, unser Leben so zu gestalten, dass wir uns zufrieden fühlen können, so leiden wir nicht nur selbst daran, sondern es wird auf Dauer auch die Beziehung belasten.

Wenn wir mit unserem Leben unzufrieden sind, weil wir das unklare Gefühl haben, nicht auf dem «richtigen Weg» zu sein, kann es sich lohnen, gemeinsam mit unserem Partner nachzuforschen, welches der «richtige Weg» für uns sein könnte.

In vielen Fällen werden beide das Bedürfnis haben, über ihren «richtigen Weg» nachzudenken. Falls das Thema nur einen von Ihnen betrifft, fällt dem anderen die wichtige Rolle des Gesprächspartners und Katalysators zu.

Für diese Übung brauchen Sie Papier und Schreibzeug.

✻ Nehmen Sie ein Blatt Papier und machen Sie sich ein paar Notizen zu den folgenden Fragen:

- Habe ich das Gefühl, auf dem richtigen Weg zu sein?
- Wenn nicht, was wäre dann für mich der richtige Weg?
- Was kann ich gut? Welche speziellen Talente habe ich?
- Welche Aspekte meiner Persönlichkeit sind für andere besonders erfreulich?
- Was macht mir Spaß?
- Gibt es etwas, was ich schon immer gern tun wollte und bisher nicht zu tun gewagt habe?
- Aus welchen Gründen tue ich das nicht?

- Setzen Sie sich nun zusammen. Jeder erläutert dem anderen seine Notizen.
- Tauschen Sie sich über Ihre Gedanken und über eventuelle konkrete Schritte aus, die den anderen seinem «richtigen Weg» näherbringen könnten.

MUTTER TERESA ODER PICASSO?

Unsere Wünsche und Träume fürs Leben, die wir insgeheim mit uns herumtragen, sind auch für unsere Beziehung von Bedeutung. Unbewusst hoffen wir nämlich, dass der andere uns dabei hilft, unseren Wunschträumen näherzukommen.

Wie sehen wir uns und wie möchten wir gesehen werden? Was möchten wir im Leben erreichen? Das können materielle und ideelle Dinge sein – Kinder, ein bestimmter Lebensstandard, berufliche Ziele, aber auch Ideale wie ein Leben im Einklang mit bestimmten weltanschaulichen oder ökologischen Vorstellungen. Ein Paar, das ähnliche Träume hat, braucht weniger Kompromissbereitschaft als wenn ein Partner vom Leben auf dem Lande träumt, mit Kindern im eigenen Haus mit Garten, der andere dagegen von Auslandsaufenthalten, Sprüngen auf der Karriereleiter und Fernreisen.

Es lohnt sich also, wenn wir uns unsere Träume bewusst machen und zunächst für uns selbst den Grad unserer Kompromissbereitschaft klären. Dabei ist es wichtig Folgendes zu bedenken: Unsere Träume sind nicht in Stein gemeißelt. Sie verändern sich mit der Zeit, wie wir selbst uns verändern. Einige davon halten wir zwar vielleicht für erstrebenswert, sind jedoch nicht bereit, die entsprechenden Opfer dafür zu bringen. Mancher Traum verliert im Laufe der Zeit seinen Reiz. Andere tauchen auf und gewinnen an Bedeutung. Da das so ist, müssen wir uns als Paar immer neu abstimmen.

- Ein Spaziergang oder eine Wanderung sind gute Gelegenheiten, dem anderen Einblick in unsere Träume zu geben. Entfernen Sie sich räumlich von Ihrer normalen Umgebung mit ihren Fußfesseln für die Phantasie. Das sollte also kein Spaziergang «ums Karree» sein, sondern ein Gang durch Wald oder Feld, eine Wanderung im Gebirge oder ein Strandspaziergang, vielleicht im Urlaub.
- Thema des Gedankenaustauschs soll sein, wovon Sie beide träumen oder wozu Sie sich berufen fühlen. Das kann weit ab von dem Leben liegen, das Sie im Moment führen. Wichtig ist nicht, für wie realistisch Sie die Sache halten, sondern dass sie Ihnen am Herzen liegt. Lassen Sie sich genügend Zeit, um zunächst schweigend nebeneinander herzuwandern. Jeder von Ihnen sollte in Ruhe eine Weile seinen Gedanken nachhängen, seinen Gefühlen nachspüren.
- Dann beginnt derjenige zu sprechen, der sich bereit dazu fühlt. Der andere hört aufmerksam und schweigend zu.
- Anschließend ist der Partner an der Reihe.

DER SONNE FOLGEN

«Der Sonne folgen» ist eine Meditation, die einen ganzen Tag dauert, vom Aufgang der Sonne bis zu ihrem Untergang. Die meisten von uns leben in Städten und sind von früh bis spät so eingespannt, dass uns der Blick für die Welt um uns herum verloren geht. Selbst im Urlaub bleibt uns oft nicht viel Muße zur Selbstbesinnung.

Wir leben in einem Universum, dessen Zyklen seit undenklichen Zeiten unabhängig von uns ablaufen. Wir alle sind ein Teil davon, sind dem Rhythmus von Tag und Nacht, dem Wandel der Jahreszeiten, dem Kreislauf von Leben und Tod unterworfen. Wenn wir uns diese Tatsache von Zeit zu Zeit bewusst machen, so kann das unsere Aufmerksamkeit darauf lenken, was für uns wesentlich ist: das Leben selbst und die Freude daran. Und die Erkenntnis, dass wir beide Teil dieses großen Ganzen sind, kann das Band zwischen uns stärken.

❊ Nehmen Sie sich für dieses Experiment beide einen freien Tag, an dem schönes Wetter zu erwarten ist, und fahren Sie in eine Gegend, wo Sie gut den Lauf der Sonne beobachten können, also ans Meer, ins Hochgebirge oder in eine weite, flache Landschaft wie die Heide. Statten Sie sich mit Proviant aus, damit Sie den ganzen Tag ohne Unterbrechung gemeinsam im Freien verbringen können.

❊ Gehen Sie vor Sonnenaufgang hinaus. Folgen Sie der Sonne. Lassen Sie sich für Ihre Wanderung viel Zeit. Sie brauchen keine weiten Entfernungen zurückzulegen. Betrachten Sie mit Muße Pflanzen und Tiere um sich herum, bemerken Sie die Zeichen der Jahreszeit und schauen Sie immer wieder in den Himmel. Das Licht der Sonne ist unser Lebensspender. Am meisten werden Sie von diesem Tag profitieren, wenn Sie wenig oder gar nicht sprechen.

ALLEIN ODER EINSAM?

Wie viel Gemeinsamkeit braucht eine Beziehung? Die Antworten darauf sind wahrscheinlich so zahlreich, wie es Menschen gibt. Manche Paare verbringen nicht wenig Zeit miteinander, sprechen viel und fühlen sich dennoch in Gegenwart des anderen einsam. Und es gibt Menschen, deren Gefühl, eng miteinander verbunden zu sein, auch durch eine längere Trennung nicht gestört wird. Für die meisten trifft wahrscheinlich zu, dass dieses Gefühl mehr oder weniger großen Schwankungen unterworfen ist. Wir erleben mit unseren Partnern Momente der Verbundenheit und Momente der inneren Fremdheit. Je besser es uns über die Jahre gelingt, uns gegenseitig unsere inneren Welten zugänglich zu machen, desto mehr Chancen haben wir auf ein relativ konstantes Gefühl der Nähe.

Es gibt noch einen weiteren wichtigen Aspekt, der auf den ersten Blick paradox erscheinen mag: Je weniger Angst wir vor dem Alleinsein haben, desto leichter fällt es uns, den Partner eine Zeit lang loszulassen. Dann können wir unser Alleinsein genießen, ohne von Einsamkeitsgefühlen gepeinigt dem anderen wegen seines Fernseins zu grollen oder uns in Ablenkungen zu stürzen. Dann widerstehen wir leichter der Versuchung, die Bande, die uns als Paar verbinden, für uns beide zu Gefängnisketten zu machen.

Für dieses Experiment brauchen Sie Schreibzeug und Papier.

- Schreiben Sie beide an getrennten Plätzen einen Text zum Thema «Allein sein».
- Kommen Sie zusammen und lesen Sie sich gegenseitig Ihre Texte vor.
- Über den Inhalt der Texte sollte nicht diskutiert werden. Nehmen Sie sich stattdessen Zeit, über Ihre Gefühle der Einsamkeit wie auch über Ihr Bedürfnis nach Alleinsein zu sprechen.

VERLUST UND TRAUER

Jeder von uns erleidet im Laufe seines Lebens Verluste. Wenn es uns gelingt, einander die damit verbundenen Gefühle von Schmerz und Einsamkeit mitzuteilen, so kann uns das nachhaltig verbinden.

- Setzen Sie sich zusammen und entspannen Sie sich einige Minuten.
- Dann beginnt einer von Ihnen und spricht über Dinge und Menschen, die er im Laufe seines Lebens verloren hat oder auf die er verzichten musste. Das kann auch etwas sein, was er selbst versäumt hat oder was ihm vorenthalten wurde. Lassen Sie sich Zeit, Gefühle von Verlust und Trauer in sich aufsteigen zu lassen. Gönnen Sie sich zwischendurch ab und zu eine Pause. Der andere zeigt schweigend seine Anteilnahme.
- Wenn der Erste zu Ende gesprochen hat, sollten Sie sich beide wiederum ein paar Minuten entspannen.
- Danach Rollenwechsel.

Wenn wir uns mit Gefühlen von Verlust und Entbehrung konfrontieren, die wir in der Vergangenheit durchgemacht haben, so kann uns das stärken. Wir haben diese Phasen überstanden und sind vielleicht innerlich daran gewachsen.

DIE WELT DURCH DEINE AUGEN

Nehmen Sie sich an einem schönen, sonnigen Tag einen Fotoapparat, am besten eine Digitalkamera, und gehen Sie auf einen gemeinsamen Spaziergang durch Ihr Stadtviertel, durch Wald oder Feld oder wohin immer es Sie zieht. Unser Vorschlag ist einfach: Jeder von Ihnen sucht sich Motive aus, die er reizvoll findet, und hält sie mit der Kamera fest.

Zu Hause können Sie sich die Fotos zusammen am Computerbildschirm anschauen. Sprechen Sie über Ihre Auswahl der Motive und was Sie ganz persönlich damit verbinden.

WOFÜR ICH DIR DANKEN WILL

- Beginnen Sie die Übung mit einigen Minuten der Entspannung oder einer Meditation.
- Ziehen Sie sich dann in getrennte Räume zurück, wo Sie allein sind und denken Sie darüber nach, was Sie tun würden, wenn dies der letzte Tag Ihres Lebens wäre. Was würde ich meinem Partner sagen? Wofür würde ich ihn vielleicht um Vergebung bitten? Wofür möchte ich ihm danken?
- Kommen Sie zusammen und tauschen Sie sich aus. Gestalten Sie, wenn Sie mögen, einen solchen «letzten Tag» gemeinsam.

UNS FREUNDLICH BEGEGNEN

Die Hektik unseres Alltags bringt es mit sich, dass sich beide Partner oft überlastet und nervös fühlen. Als Paar leben wir, auch wenn wir uns im Wesen stark unterscheiden und ganz verschiedenen Tätigkeiten nachgehen, in einer Art gemeinsamem emotionalem «Biotop». Einfacher ausgedrückt: Wenn einer von uns unter Stress steht, nervös oder bedrückt ist, so wird der andere davon auf irgendeine Weise betroffen sein. Leicht kommt es dann zu Streitereien und gegenseitigen Verletzungen.

Um dem vorzubeugen, ist es gut, wenn Sie ein gemeinsames Ritual einführen, das es Ihnen erleichtert, am Abend freundlich aufeinander zuzugehen, ganz egal, was der Tag Ihnen gebracht hat: Begrüßen Sie sich mit einer ausführlichen, liebevollen Umarmung. Trinken Sie zusammen eine Tasse Tee oder schenken Sie sich gegenseitig eine Fünf-Minuten-Massage.

Falls Kinder oder andere Pflichten das zunächst unmöglich machen, vereinbaren Sie für einen späteren Zeitpunkt am Abend eine Viertelstunde, in der Sie ganz füreinander da sind. Wenn Ihnen das gelingt, wird der Abend für Sie beide sehr viel erholsamer und angenehmer verlaufen, als wenn Sie ohne Pause zur abendlichen Routine übergehen.

SPRICH MIT MIR!

Schließt denn Erkenntnis die Liebe aus?
Oder ist es nicht vielmehr so:
je mehr Erkennen, desto mehr Liebe?
Christian Morgenstern

Michael Lukas Moeller, Psychoanalytiker und Autor einer Reihe viel beachteter Selbsthilfebücher für Paare, nennt als wichtigste Regel für alle, die ihre Beziehung verbessern wollen, die Bereitschaft zum «wesentlichen Zwiegespräch». In seinem Buch «Die Liebe ist ein Kind der Freiheit» schreibt er: «Ich möchte in unserer Beziehung lernen, wesentliche Zwiegespräche als notwendig anzusehen und zu verwirklichen; nur so kann ich lernen, mich und dich ernst zu nehmen; und du kannst mir nicht wesentlich sein, wenn ich mir nicht wesentlich bin.»[14]

Die Bedeutung der Kommunikation wird in Paarforschung und -therapie immer wieder betont. Eine gute, angemessene Kommunikation scheint die Basis für eine zufriedene Partnerschaft zu sein. Funktioniert die Kommunikation nicht mehr, schwindet das Gefühl, dass wir verstanden werden und damit das Gefühl der Nähe. Bekannt ist auch, dass unsere Kommunikation durch Stress erschwert wird. Das ist auch der Fall, wenn der Stress von außen kommt und zunächst nur einen trifft, wie z. B. ein Problem am Arbeitsplatz. Denn oft ist die Folge, dass die Partner sich weniger Zeit nehmen, um miteinander zu sprechen. Hypnotisiert von dem Problem, vernachlässigt der Betroffene den Gedankenaustausch mit dem Partner. Dadurch wird auch die Beziehung belastet. Ein Teufelskreis, dem schwer zu entrinnen ist. «Je offener ein Paar miteinander kommunizieren kann, je kompetenter es Probleme löst und je besser es mit Stresssituationen umgeht, desto zufriedener sind die Partner»[15] schreibt auch der Psychologe und Paartherapeut Guy Bodenmann.

Viele Therapeuten raten Paaren deshalb dringend, sich etwa im wöchentlichen Rhythmus für mindestens eine ungestörte Stunde zusammenzusetzen, um sich intensiv auszutauschen.

Jahrzehntelang stützte sich die psychologische Paarforschung auf die Erkenntnisse aus der Paartherapie, d. h. man betrachtete vorwiegend Paare, deren Beziehung stark belastet oder bereits gescheitert war. In den letzten Jahren war es vor allem der amerikanische Mathematiker und Psychologe John Gottman, der auch das Verhalten erfolgreicher Paare (solcher, die mindestens neun Jahre verheiratet waren und ihre Ehe als glücklich bezeichneten) in seine Untersuchungen einbezog. Gottman beobachtete eine große Zahl von Paaren über einen langen Zeitraum hinweg. Mit Hilfe eines sorgfältig ausgearbeiteten Systems verfolgte und erfasste er bei regelmäßigen Beobachtungen im Labor nicht nur ihre verbalen Auseinandersetzungen, sondern auch Mimik, Seufzer, feuchte Hände, Augenrollen und Herzklopfen. Einige Paare begleitete er mehr als zwei Jahrzehnte. Er führte Buch darüber, wer sich trennte, wer nebeneinanderher lebte, wer – mehr oder weniger glücklich – zusammenblieb.[16]

Im Laufe seiner Beobachtung von mehr als 3000 Paaren fand Gottman heraus, dass die meisten von ihnen sich stritten und dass sogar die glücklich Verheirateten fast 70 Prozent ihrer Konflikte niemals lösten! Wenn sie in Abständen von vier Jahren zu ihm ins Labor kamen, waren ihre Themen und oft sogar ihre Worte noch die gleichen. Dieses Ergebnis von Gottmans Forschung ist besonders deshalb von Bedeutung, weil die landläufige Meinung herrscht, glückliche Paare würden sich nicht streiten. Das ist jedoch offensichtlich nicht so! Tatsächlich scheint die Fähigkeit, sich fair auseinanderzusetzen, ein wesentliches Kennzeichen zufriedener Paare zu sein. Sie schaffen es, ihre Differenzen zur Sprache zu bringen, ohne dabei alten Groll und alte Konflikte wieder aufzurühren. Partner, welche über diese Kompetenz nicht verfügen, laufen Gefahr, immer mehr ungelöste Konflikte und Ressentiments anzuhäufen, was zu Rückzug und gegenseitiger Geringschätzung führt und auf Dauer die Verbindung unterminiert. Bei Paaren, die sich als glücklich bezeichneten, wurden Probleme frühzeitig (meist von den Frauen) zur Sprache gebracht. Die unzufriedenen neigten dazu, Ärger zunächst herunterzuschlucken, um ihn dann in schroffer Form und «geballt» vorzubringen.

Der Brahmane und spirituelle Lehrer Krishnamurti hat auf eine Schwäche hingewiesen, der wir fast alle erliegen, wenn wir uns über ein schwieriges Thema unterhalten: «Unser Geist ist nicht imstande zu hören, solange er das Gehörte für sich übersetzt, rechtfertigt oder verdammt, anerkennt oder zurückweist ... Wenn wir aber nur teilweise zuhören, da wir befangen oder voreingenommen sind, dann hören wir nur das, was wir hören wollen, und so kann es keine Befreiung geben und kein Verstehen des Neuen.»[17]

EINIGE REGELN

Die folgenden Regeln können uns helfen, wenn wir als Paar effektiv kommunizieren und unproduktive Streitereien vermeiden wollen: Wenn wir dem anderen etwas Wichtiges sagen möchten, sollten wir

- uns durch Blickkontakt vergewissern, dass wir seine Aufmerksamkeit haben.
- versuchen, klare Botschaften zu senden. Unsere verbalen Signale sollten mit den nonverbalen übereinstimmen.
- sagen, was wir meinen, möglichst direkt und ehrlich sein und nicht um den heißen Brei herumreden.
- um Feedback bitten, damit wir sicher sind, dass wir richtig verstanden wurden.

Wenn der andere uns etwas Wichtiges sagen möchte, sollten wir

- mit ihm Blickkontakt halten.
- ab und zu nicken, lächeln oder kleine Bemerkungen machen, die ihm zeigen, dass wir zuhören.
- den Sprecher seinen Gedanken zu Ende führen lassen, ehe wir unsere eigenen Ideen äußern.
- nachfragen, wenn wir nicht sicher sind, die Botschaft richtig verstanden zu haben.
- die Botschaft mit unseren eigenen Worten wiederholen, damit unser Gegenüber weiß, ob wir richtig verstanden haben.

Seien Sie nicht frustriert, wenn es Ihnen nicht sofort gelingt, Ihre Gespräche nach diesen Regeln ablaufen zu lassen. Wir alle sind lebendige Menschen, und wenn uns etwas unter die Haut geht, fällt es uns schwer, unsere Emotionen zu steuern. Trotzdem ist es hilfreich, diese Hinweise möglichst oft zu beherzigen. Sie helfen uns, die Belastung unseres Partners zu spüren; sie stärken unsere Fähigkeit, einen destruktiven Streit in eine faire Auseinandersetzung zurückzuführen und so eine drohende Eskalation zu stoppen. Je öfter wir das üben, umso seltener werden wir im Ernstfall «ausrasten».

Bei Konflikten von Paaren geht es im Kern meist nicht um den Unterschied der Standpunkte, sondern fast immer um die Stärke und Empfindlichkeit ihrer Bindung, um die tiefe Angst, nicht genügend geschätzt und geliebt zu werden. Das müssen wir uns klarmachen, wenn, trotz guter Vorsätze, die Emotionen zwischen uns «hochkochen» und wir manchmal weit entfernt sind von einem zivilisierten Austausch von Argumenten und Gefühlsbeschreibungen. Eines kann uns dabei trösten: Nach den Erkenntnissen von John Gottman u. a. sind nicht in erster Linie die Paare in der Gefahr auseinanderzulaufen, die sich häufig streiten, sondern im Gegenteil diejenigen, zwischen denen Kälte und Distanz herrscht. Nicht der höfliche Umgang miteinander zeigt, wie viel uns aneinander bindet, sondern allein das emotionale Kapital, das wir im Laufe der Jahre, trotz aller Probleme, angesammelt haben.

Hier noch einige Anregungen für schwierige Gespräche:

- Wenn Sie ein emotional aufgeladenes Thema besprechen möchten, ohne in Streit zu geraten, dann probieren Sie es einmal so: Reichen Sie sich dabei die Hand und halten Sie Blickkontakt! Sie werden merken, dass sich das mildernd auf Ihren Ton und Ihre Sprache auswirkt.
- Gespräche über kontroverse Themen sollten Sie ab und zu bei einem Spaziergang oder auf einer gemeinsamen Wanderung führen. Die Bewegung lässt uns tiefer atmen und verbindet uns mit unserem Körper. Das Gehen auf Feld- oder Waldwegen kann uns «erden», die frische Luft und die natürliche Umgebung öffnen unseren Geist.
- Auch nach einem gemeinsamen Essen im Restaurant ist die Zeit günstig für klärende Gespräche. Das Essen beruhigt die Nerven und die Anwesenheit anderer Menschen erlegt uns eine gewisse Disziplin auf. Oft hilft schon die ungewohnte Umgebung, das Gespräch aus eingefahrenen Gleisen zu lenken.
- Folgender Trick ist nützlich, wenn wir vermeiden wollen, uns gegenseitig ins Wort zu fallen: Nehmen Sie einen kleinen Ball und setzen Sie sich einander gegenüber. Wer den Ball in der Hand hält, darf sprechen. Wenn Sie von Ihrem Partner eine Antwort bekommen möchten, werfen Sie ihm den Ball zu. Er hat dann die Möglichkeit, seine Position darzustellen. Selbstverständlich hat jeder auch das Recht, den Ball mit der Bemerkung zurückzugeben, dazu im Moment nichts sagen zu wollen. Sie können das Spiel dann in Gang halten, indem Sie ein anderes Thema ansprechen.
- Wenn wir im Gespräch stecken zu bleiben drohen, kann uns eine Technik aus dem Psychodrama helfen. Wir bitten den anderen, mit uns den Platz zu tauschen und wiederholen dann aus seiner Sicht, was wir von ihm gehört haben. Dadurch wird dem Partner deutlich, ob wir ihn verstanden oder missverstanden haben. Diese Methode erfordert mehr Phantasie, kann aber manchmal effektiver sein als das einfache Wiederholen dessen, was der andere gesagt hat.

- Eine ganz einfache Regel zum Schluss: In einem wichtigen Gespräch sollten wir immer eine Denkpause von einigen Sekunden einlegen, ehe wir einander antworten. Das gibt uns beiden das Gefühl, dass wir uns gegenseitig zuhören und unsere Worte ernst nehmen. Außerdem erliegen wir dann weniger leicht der Versuchung, statt zuzuhören, unsere Antwort schon im Kopf vorzubereiten, während unser Gegenüber noch spricht.

DIE KUNST DES ZUHÖRENS

Oft hindern wir mit unseren Reaktionen unsere Gesprächspartner daran, uns einen tieferen Einblick in ihre Gedanken und Gefühle zu geben. Auch Ratschläge und wohlmeinende Kommentare führen häufig dazu, dass unser Gegenüber sich unverstanden fühlt. Das folgende Experiment hilft uns, es anders zu machen.

Die Kunst des Zuhörens verlangt in erster Linie Konzentration.

- Überlegen Sie sich ein Thema, über das Sie sich gern tiefer austauschen möchten. Bei dieser Übung geht es nicht darum, die eigenen Ideen darzulegen, sondern jeder von Ihnen soll *den anderen* dazu bringen, ihm einen möglichst tiefen Einblick in *seine* Gedanken und Gefühle zu geben. Deshalb sollte sich der/die Fragende so knapp wie möglich fassen. Stellen Sie kurze Fragen, die Ihrem Partner zeigen, dass Sie ernsthaft an seiner Meinung und seinen Gefühlen interessiert sind. Bitten Sie um ausführlichere Erklärungen, wenn Ihnen etwas unklar bleibt. Und wenn Sie spüren, dass Ihre Konzentration nachlässt, bitten Sie um Wiederholung des Gesagten.
- Geben Sie dann möglichst genau wieder, was Sie gehört haben. Vermeiden Sie dabei, Ihr eigenes Urteil einfließen zu lassen. Fragen Sie Ihren Partner, ob Sie seine Worte richtig verstanden und zusammengefasst haben.
- Entspannungspause.
- Nun ist der andere an der Reihe, Fragen zu stellen und zuzuhören.

KOMMUNIKATIONSKILLER KRITIK

Der amerikanische Psychologe und Paartherapeut Paul Coleman spricht von fünf Stufen der Kritik in Paarbeziehungen: Wir machen häufig Bemerkungen, die

- das Verhalten des Partners kritisieren,
- seine Gefühle kritisieren,
- seinen Charakter kritisieren,
- den Partner beschuldigen,
- ihm böse Absichten unterstellen.[18]

Meist ist uns durchaus bewusst, dass jede Art von Kritik den Austausch mit unserem Partner eher erschwert als erleichtert. Dennoch gibt es wohl kaum eine Beziehung, die ohne gegenseitige «Verbesserungsvorschläge» auskommt. Wenn zwei Menschen ihr Leben teilen, dann ist es ganz normal und richtig, dass sie einander auch sagen, was sie am Verhalten des anderen als störend oder verletzend empfinden. Dabei müssen wir jedoch darauf achten, dass wir sachlich bleiben und nicht den Charakter, die Gefühle oder die (unterstellten) Absichten des Partners kritisieren.

Es liegt auf der Hand, dass wir besser miteinander auskommen, wenn wir uns nicht allzu oft kritisieren. Denn die meisten von uns reagieren auch auf durchaus berechtigte Kritik mit Abwehr. Wir erreichen also unser Ziel nicht, sondern die Verständigung wird erschwert. Die folgende Übung im kreativen Schreiben ist ein Appell an unseren Humor. Sie erinnert uns daran, dass keiner von uns fehlerfrei ist.

❋ Jeder schreibt für den Partner ein Gedicht (das sich nicht reimen muss) zum Thema «Was ich dir zumute». Darin sollen die Punkte genannt werden, von denen wir wissen, dass sie den anderen stören, und die wir (bisher) nicht ändern konnten. Den Abschluss kann ein kleiner Dank für die Geduld des Partners bilden.

- Jeder schreibt für den anderen ein zweites Gedicht, diesmal zum Thema «Ich bin wie du, ich bin anders als du.»
  (Die Zeit fürs Dichten sollte jeweils auf ca. 20 Minuten begrenzt sein.)
- Lesen Sie einander Ihre Texte anschließend vor und schenken Sie sich dann gegenseitig Ihre Gedichte.

Wir sollten nicht vergessen, unseren Blick von Zeit zu Zeit bewusst auf die Eigenschaften und Verhaltensweisen des Partners zu lenken, die wir mögen und respektieren. Wenn Sie das Gefühl haben, dass die Kritik zwischen Ihnen einen zu großen Raum einnimmt, können Sie ein Buch anschaffen, in das jeder täglich etwas schreibt, was er am anderen schätzt, was ihn gefreut hat etc.

FRAGEN UND ANTWORTEN

Wenn wir uns einmal pro Woche die Zeit nehmen, um über Dinge zu sprechen, die über das Alltägliche hinausgehen, so kann das Wunder wirken.

Sollten Sie einmal Schwierigkeiten haben, ein passendes Thema zu finden, dann kann die folgende kleine Struktur Ihnen helfen in Gang zu kommen.

- Nehmen Sie jeder ein Blatt Papier und notieren Sie
  - einige Fragen, die Sie dem anderen schon länger gern gestellt hätten.
  - einige Fragen, die zu stellen Ihnen bisher noch nie in den Sinn gekommen ist. (Das muss nichts Tiefschürfendes sein, aber es sollte vom Gewohnten abweichen.)

- Einer von Ihnen liest nun seine erste Frage vor. Der Partner kann sich für seine Antwort so viel Zeit nehmen, wie er möchte.
- Dann ist der andere an der Reihe mit seiner ersten Frage usw.

Wenn eine Frage Sie verwirrt oder Sie mit Abwehr reagieren, brauchen Sie nicht direkt darauf zu antworten. Versuchen Sie aber über Ihre Reaktion zu sprechen. Im Gegenzug sollte der Fragende das Thema vorläufig fallen lassen, wenn eine seiner Fragen unbeantwortet bleibt. Vertrauen Sie darauf, dass Ihr Partner darüber nachdenken wird.

Dieses Frage- und Antwortspiel dient weniger dazu, bestimmte Themen oder Streitpunkte zu klären, es soll eher Gesprächsanstöße bieten. Sie können nachfragen, um den anderen zu ermutigen, mehr von sich zu zeigen und tiefer zu gehen, bleiben Sie jedoch flexibel und ruhig, wenn die Antworten nicht so befriedigend und umfassend ausfallen, wie Sie sich das vielleicht erhofft haben. Jede Entwicklung braucht Zeit. Wichtig ist nicht, wie perfekt jedes Ihrer Gespräche verläuft, sondern dass Sie überhaupt regelmäßig über persönliche Themen sprechen.

DEINE PERSPEKTIVE, MEINE PERSPEKTIVE

Für diese Übung sollten Sie sich ein konkretes (nicht allzu heikles) Thema überlegen, über das Sie sich bisher nicht einigen konnten.

- Setzen Sie sich einander gegenüber.
- Jeder hat etwa drei Minuten Zeit, dem anderen die Gründe für seine Auffassung darzulegen. Der Partner hört schweigend zu.
  Gewöhnlich würden Sie nun wahrscheinlich beide die Diskussion vorantreiben, Ihre Gründe noch einmal und noch ausführli-

cher erläutern, um den Partner von Ihrer Meinung zu überzeugen. Falls Sie dann beide an Ihrem Standpunkt festhalten, kommt es unweigerlich irgendwann zum Streit und möglicherweise zum Abbruch des Gesprächs. Oder einer von Ihnen gibt klein bei, fühlt sich dabei aber unzufrieden und «rächt» sich vielleicht später. Um das zu vermeiden, schlagen wir vor, dass Sie jetzt die Plätze tauschen.

- Nehmen Sie sich jeder einen Moment Zeit, um auch innerlich den Platz des anderen einzunehmen und versuchen Sie sich zunächst in Gedanken die Argumente zu vergegenwärtigen, die der andere gerade ins Feld geführt hat. Wer beginnen möchte, wiederholt nun die Argumente des Partners so, als würde dieser sprechen.
- Nun ist der andere an der Reihe, die Sache aus Ihrer Sicht zu beleuchten.
- Gedankenaustausch.

STUNDE DER KOMPLIMENTE

Die meisten von uns haben im Alltag häufig Stress. Dann ist es besonders anstrengend, die tägliche Routine zu bewältigen, und wenn dann noch irgendetwas schiefgeht, sind wir leicht in der Gefahr, unseren Partner zu kritisieren und bewusst oder unbewusst für die Situation verantwortlich zu machen. Kurz gesagt, Paare haben oft einiges aneinander auszusetzen. Das kann sich in offener Kritik, in Sticheleien, ironischen oder sarkastischen Bemerkungen und in Vorwürfen äußern.

In der folgenden Übung wollen wir jede (berechtigte oder unberechtigte) Kritik einmal bewusst beiseite lassen und uns nur auf das Gute konzentrieren.

Wenn Sie diese Übung beginnen, sollte es keinen aktuellen Konflikt zwischen Ihnen geben. Sie funktioniert aber gut und wirkt segensreich, auch wenn wir uns eher müde und ausgelaugt fühlen.

- Setzen Sie sich an einem ruhigen Ort zusammen, wo Sie für mindestens eine Stunde ungestört sein werden.
- Beginnen Sie diese Sitzung mit einer kurzen Entspannung. Auch leise Musik im Hintergrund, die Sie beide mögen, hilft die Atmophäre zu entkrampfen.
- Nun konzentrieren Sie sich bitte auf die folgende Aufgabe: Sie sollen sich in der nächsten Stunde gegenseitig Komplimente machen. Jeder hat also eine halbe Stunde Zeit, dem anderen nette Dinge zu sagen. Wenn Sie fürchten, dass Ihnen spontan nicht genug einfällt, können Sie sich vorher ein paar Notizen machen. Meist funktioniert diese Übung aber besser, als wir vorher annehmen. Denn wenn wir selbst Freundlichkeiten gesagt bekommen, fällt es uns nicht schwer, ebenso zu reagieren. Die Komplimente müssen nicht nur großartige Dinge betreffen. Denken Sie an all das, was Ihr Partner täglich erfolgreich tut, auch an das, wovon Sie persönlich profitieren. Sie sollten möglichst nicht ins Banale abgleiten, sondern z. B. auch gute Charaktereigenschaften und Wesenszüge benennen. Dazu kann es hilfreich sein, sich an schöne gemeinsame Erlebnisse zu erinnern. (Vorsicht: Bitte nicht Vergangenes loben im Sinne von: «Damals warst du noch ...» Bleiben Sie im «Hier und Jetzt»!)
- Starten Sie jetzt bitte. Einer von Ihnen beginnt mit einem Kompliment. Dann ist der andere an der Reihe usw. Bei dieser Übung dürfen Sie sich ausnahmsweise gegenseitig ins Wort fallen. Auch Nachfragen ist erlaubt. Wer Gutes von sich hört, möchte es gern genau wissen. Seien Sie ganz entspannt, möglichst naiv und völlig unkritisch. Lassen Sie Ihrer Begeisterung füreinander freien Lauf! Sie werden erstaunt sein, wie gut sich das anfühlt.
- Gespräch.

WEGE AUS DER SACKGASSE

Die folgende Übung ist z. B. nützlich, wenn wir ein Konfliktthema ansprechen möchten und einen Streit fürchten. Heikle Probleme sind häufig nicht in einem einmaligen klärenden Gespräch zu lösen. Da kann es hilfreich sein, wenn wir einander die Zeit geben, ein Anliegen auf uns wirken zu lassen, ohne sofort Stellung nehmen zu müssen. Vor allem, wenn ein Konflikt schon lange schwelt und wir bei Auseinandersetzungen den Eindruck hatten, der andere verstünde nicht richtig, was wir meinen, kann diese Technik aus der Sackgasse führen.

- Suchen Sie sich wiederum einen Ort, wo Sie für mindestens eine Stunde ungestört sein werden.
- Gönnen Sie sich einige entspannende Atemzüge.
- Wenn Sie sich ruhig und locker fühlen, setzen Sie sich einander gegenüber und schließen Sie noch einmal für einen Moment die Augen. Lauschen Sie in sich hinein. Nehmen Sie ganz in Ruhe Empfindungen, Gefühle und Gedanken wahr, die sich in Ihrem Geist melden ...
- Öffnen Sie nun die Augen und schauen Sie einander an, ohne sich zu fixieren, sozusagen mit entspannten Pupillen.
- Einigen Sie sich, wer beginnen möchte. Derjenige trägt nun sein Thema vor. – Sprechen Sie in Ich-Sätzen. Sagen Sie möglichst genau, worum es sachlich geht und vor allem, wie Sie sich dabei fühlen. Vermeiden Sie es, den anderen zu beschuldigen. Hier ist nur wichtig, wie Sie selbst die Situation empfinden. Seien Sie so ausführlich wie möglich und sprechen Sie von sich, nicht mit dem Ziel, Ihren Partner zu überzeugen.

  Der andere hört schweigend zu. Er sollte aber zeigen, dass er aufmerksam ist und versteht, was Sie sagen. Das heißt nicht, dass er Ihnen inhaltlich zustimmt. Er soll nur bekunden, dass er bereit ist aufzunehmen, was in Ihnen vorgeht.

- Der Zuhörer soll nun kurz mit seinen Worten wiederholen, was er gehört und wie er Ihre Worte verstanden hat. Seine persönliche Meinung dazu sollte er an dieser Stelle noch zurückhalten. Geben Sie ihm Zeit, das Gehörte auf sich wirken zu lassen. (Verabreden Sie sich für einen späteren Zeitpunkt – spätestens in einer Woche – um sich gegenseitig Ihre Reaktion mitzuteilen.)
- Rollentausch. Derjenige, der vorher zugehört hat, kann nun ein eigenes Thema ansprechen. Er soll nicht auf das vorher Gesagte antworten. Wenn Ihnen das zu viel scheint, können Sie das Experiment auch hier beenden. Dann gehört dem Partner bei der nächsten Sitzung die volle Aufmerksamkeit.

DER TON MACHT DIE MUSIK

Diese Übung will uns dafür sensibilisieren, dass unsere Kommunikation mehr ist als nur Worte und die Bedeutung, die wir ihnen geben. Wenn wir einem Menschen zuhören, dann sollte uns klar sein, dass er uns oftmals etwas anderes sagen möchte, als was wir zu verstehen glauben. Denn Worte beschreiben nur annähernd die Gefühle und Gedanken des Sprechers. Wirkliches Verstehen braucht Zeit und ein offenes Ohr für Zwischentöne.

- Entspannen Sie sich zuvor einige Minuten.
- Einer von Ihnen beginnt nun über ein Thema zu sprechen, das ihm zur Zeit am Herzen liegt. Versuchen Sie dabei, Ihre Aufmerksamkeit von der Bedeutung Ihrer Worte weg und zu Ihrem Tonfall hin zu lenken. Ist Ihr Ton weich oder hart? Gibt es im Redefluss Höhen und Tiefen? Spüren Sie die verschiedenen Tonlagen körperlich und wie fühlt sich das an? Wie wirkt sich das, was Sie sagen und wie Sie es sagen, auf Ihre Stimmung aus?

- Sagen Sie etwas mit Nachdruck – und spüren Sie, wie sich das anfühlt.
- Sprechen Sie aufgeregt – und spüren Sie in sich hinein.
- Geben Sie Ihrer Stimme nacheinander einen ängstlichen, einen zornigen, einen nervösen, einen überraschten Klang – und achten Sie darauf, wie Ihr Körper darauf reagiert.

  Der andere hört schweigend zu und beobachtet, wie er selbst gefühlsmäßig und körperlich auf die verschiedenen «Tonarten» des Partners reagiert. (Ca. 5 Minuten)

❊ Rollentausch.

❊ Sprechen Sie über Ihre Empfindungen und Reaktionen während des Sprechens und Zuhörens.

KLAGEN KANN BEFREIEND SEIN

Wir alle wissen, dass Jammern und Klagen uns nicht der Lösung unserer Probleme näher bringen. Im Gegenteil: Vorwürfe, auch Selbstvorwürfe und Selbstmitleid binden uns gefühlsmäßig an Vergangenes. Sie zehren an den Kräften, die wir für unser gegenwärtiges Leben brauchen. Es mag nützlich sein, sich über Fehler und Frustrationen, die hinter uns liegen, klar zu werden wie auch über das, was andere uns vielleicht angetan haben. Wenn wir uns den Gedanken daran jedoch allzu sehr hingeben, laufen wir Gefahr, das Leben darüber zu verpassen. Dazu kommt, dass Menschen, die sich ständig beklagen, von ihrer Umgebung als Belastung empfunden werden. Dennoch – manchmal ist es gesund, wenn wir uns unserem Bedürfnis nach Jammern und Klagen für eine begrenzte Zeit hingeben. Das kann Kopf und Herz frei machen für frische Gedanken und Gefühle.

- Machen Sie gemeinsam einen Spaziergang – möglichst durch Wald oder Feld, wo Sie viel Raum haben, um sich ungehemmt und laut äußern zu können.
- Wem von Ihnen danach zumute ist, der hat nun das Recht, sich eine halbe Stunde lang laut zu beklagen. Nehmen Sie sich die Zeit, alles, was Sie in Ihrem Leben bedrückt, ärgert oder stresst, beim Namen zu nennen und nach Herzenslust darüber zu jammern und/oder zu schimpfen. Sie dürfen übertreiben und alles so schwarz malen, wie Sie mögen. Die einzige Regel, die Sie dabei beachten sollten: Sprechen Sie von sich und vermeiden Sie es, Ihrem geduldig zuhörenden Partner Vorwürfe zu machen. Abwesende dürfen dagegen angeklagt und beschuldigt werden. Dies ist eine Gelegenheit, bei der Sie nicht gerecht zu sein brauchen. Sie können sich alles von der Seele reden, was Sie belastet. Der andere hört sich schweigend alle Klagen an. Er sollte das aber in einer mitfühlenden Haltung tun und nicht mit kühler Distanz.

  Oft wird die Klagelitanei schon nach einigen Minuten enden. Sie stellen erstaunt fest, dass Ihnen der Stoff ausgeht, auch wenn Sie anfangs geglaubt hatten, Sie könnten endlos so weitermachen. Häufig mündet das Klagen auch in befreiendes Gelächter. Doch selbst wenn dem nicht so ist und Sie das Empfinden haben, alle Welt habe sich gegen Sie verschworen oder die Bürden, die Sie zu tragen haben, seien schier unerträglich, werden Sie am Ende der halben Stunde ein Gefühl der Erleichterung bemerken.
- Rollentausch.
- Sprechen Sie über Ihre Gefühle beim Klagen wie beim Zuhören. Vermeiden Sie eine Diskussion über das, was gesagt wurde. Hier geht es nur darum, seelische Verkrampfungen zu lösen und Mitgefühl zu entwickeln.

UNSERE EMPFINDLICHEN STELLEN

Jeder von uns hat seine Empfindlichkeiten. An diesen Stellen schmerzen uns kritische Bemerkungen unseres Partners besonders. Oft sind es die Themen, die uns selbst sehr am Herzen liegen – der Umgang mit den Kindern, schwierige Situationen am Arbeitsplatz o. Ä. – wo wir auf Kritik oder wohlmeinende Ratschläge besonders empfindlich reagieren.

Wir glauben meist, die Empfindlichkeiten des anderen zu kennen. Das mag in vielen Fällen zutreffen. Was wir jedoch häufig ignorieren, ist die Heftigkeit der Schmerzen, die wir unserem Partner mit einer herabsetzenden Bemerkung oder unbedachten Kritik zufügen. Das folgende Ritual kann uns für dieses Thema sensibilisieren.

Das vorsichtige Ausblasen der Eier steht symbolisch für unsere Bereitschaft, die Schwächen des anderen schonend zu behandeln.

- Die Partner blasen einige Hühnereier aus, mindestens drei pro Person.
- Mit Filzschreiber oder Pinsel notiert jeder auf seinen leeren Eierschalen seine wunden Punkte.
- Die Eier werden eines nach dem anderen behutsam überreicht. Jede Empfindlichkeit wird erläutert. Es können Wünsche geäußert werden, wie diese Stellen zu behandeln sind.

GEMEINSAM EINE GESCHICHTE ERZÄHLEN

Diese Übung bietet einen lockeren, kreativen Einstieg in ein Gespräch, das uns neue Einsichten in die Wünsche und Ziele unseres Partners, aber auch in unser Zusammenspiel mit ihm eröffnen kann.

- Setzen Sie sich zusammen und überlegen Sie sich ein Thema für eine Geschichte, die Sie gleich gemeinsam erfinden sollen. Erzählen Sie die Geschichte in Wir-Form oder denken Sie sich ein Paar aus, das Sie zu Beginn in großen Zügen beschreiben (Alter, Charaktere, Äußeres), damit die Geschichte lebendig wird.
- Beginnen Sie nun mit der Geschichte, und zwar so: Abwechselnd spricht jeder von Ihnen einen Satz. Auf diese Weise haben Sie beide die Möglichkeit, immer wieder auf den Lauf des Geschehens Einfluss zu nehmen. Machen Sie keine Einwände, wenn Ihr Partner die Geschichte in eine Richtung lenkt, die Sie nicht geplant hatten. Lassen Sie sich überraschen und mitnehmen. Im nächsten Schritt sind wieder Sie an der Reihe, das Geschehen zu lenken. Versuchen Sie der Geschichte einen Beginn, einen Höhepunkt und einen Abschluss zu geben. Eine gewisse Spannung sollte sie auch haben. Das kommt aber meist von ganz allein, da ja keiner von Ihnen genau weiß, wohin der nächste Satz führt ...
- Austausch: Was haben Sie während des gemeinsamen Erzählens erlebt? Gibt es Konflikte in der Geschichte? Wie haben Sie die Abstimmung mit Ihrem Partner über den Verlauf der Geschichte empfunden? Wo haben Sie rivalisiert? Wo ließen Sie sich gern führen, vielleicht sogar mitreißen?

WAS ICH VON DIR ERWARTE

In diesem Experiment können Sie über Ihre Erwartungen sprechen, über Meinungsverschiedenheiten Klarheit gewinnen und überprüfen, wieweit Sie innerlich bereit sind, Differenzen zu akzeptieren.

Wenn jemand sagt, er «erwarte» etwas von uns, reagieren wir oft mit Abwehr. Wir sprechen hier jedoch ganz bewusst von Erwartungen, nicht von Wünschen, denn jeder von uns hat viele, oft unbewusste und unausgesprochene Erwartungen an den Partner. Das tägliche Leben als Paar erfordert unzählige Abstimmungen und Kompromisse. Je offener wir darüber sprechen, was wir bisher vielleicht als stillschweigende Übereinkunft oder als selbstverständlich angesehen haben, umso weniger leicht werden wir enttäuscht, wenn der andere einmal nicht bereit oder in der Lage ist, unserer Erwartung zu entsprechen.

- Setzen Sie sich einander gegenüber und denken Sie etwa drei Minuten darüber nach, welche Erwartungen Sie für die nächste Zeit an Ihren Partner haben.
- Einer von Ihnen beginnt nun, indem er eine Erwartung ausspricht und zwar so: «Ich erwarte von dir, dass du ...» Drücken Sie sich möglichst spezifisch aus, z. B.: «Ich erwarte von dir, dass du die Kinder abends zu Bett bringst, wenn du zu Hause bist.» Oder: «Ich erwarte von dir, dass du mich anrufst, wenn du später als üblich nach Hause kommst.» Oder: «Ich erwarte von dir, dass du mit mir darüber sprichst, wie viel Geld unser neues Auto kosten darf.»
- Nun ist der andere an der Reihe, eine Erwartung zu nennen usw. In dieser Phase soll der Angesprochene sich noch nicht dazu äußern, ob er bereit ist, die Erwartung zu erfüllen oder was er überhaupt darüber denkt.

  Wenn Sie das Gefühl haben, Ihnen fällt keine Erwartung mehr ein, beginnen Sie einfach trotzdem mit den Worten «Ich erwarte von dir, dass du ...» und lassen Sie sich überraschen, was Ihnen in den Sinn kommt.

- Nach ca. zehn Minuten können Sie sich gegenseitig Feedback geben. Zunächst nur in der Form, dass jeder in seinen Worten wiedergibt, wie er den Partner verstanden hat. Jeder beginnt das Feedback mit immer demselben Satz: »Du erwartest von mir ...» Der Partner kann darauf antworten, Missverständnisse ausräumen und seine Erwartungen präzisieren.
- Danach sollten Sie kurz zu den Erwartungen Ihres Partners Stellung nehmen, also entweder sagen: «Ich bin bereit, die Kinder abends zu Bett zu bringen.» Wenn Sie nicht bereit sind, die in Sie gesetzte Erwartung zu erfüllen, sollten Sie das kurz begründen, z. B.: «Ich will versuchen dich anzurufen, wenn es abends später wird. Ich kann aber nicht versprechen, dass ich das immer schaffe.»
- Gespräch. Wieweit konnten Sie Ihre Erwartungen klar äußern? Ist es Ihnen gelungen, von sich zu sprechen, ohne dem Partner versteckte Vorwürfe zu machen? Können Sie akzeptieren, dass Ihr Partner einige Ihrer Erwartungen nicht erfüllen kann oder möchte?

Bemerkung: In der alltäglichen Kommunikation ist es diplomatischer, wenn wir von Wünschen, nicht von Erwartungen sprechen.

MEINE WÜNSCHE AN DICH

Auf diese Übung sollten Sie sich mit einigen Minuten der Entspannung einstimmen.

- Setzen Sie sich einander gegenüber und schauen Sie sich in die Augen.
- Abwechselnd fragt nun einer den anderen: «Was wünschst du dir von mir?»
- Der andere antwortet in einem Satz, der möglichst spezifisch ausdrückt, was er sich vom anderen wünscht bzw. was er in letzter Zeit vermisst hat. (Zum Beispiel: «Ich wünsche mir von dir, dass du mir in Ruhe zuhörst, wenn ich mit dir über ein Problem in meinem Job sprechen möchte.» Oder: «Ich wünsche mir von dir, dass du im Herbst mit mir zwei Wochen in Urlaub fährst.»)
- Der Angesprochene hört schweigend zu.
- Oft ist es besser, Reaktionen nicht unmittelbar im Anschluss auszutauschen. Sie sollten das jedoch tun, wenn Sie sich das nächste Mal zusammensetzen – spätestens nach einer Woche, damit die Wünsche nicht in Vergessenheit geraten. Falls der eine oder andere Wunsch sofort erfüllbar ist, sollten Sie dies jedoch nicht aufschieben.

BRIEF AN DEN PARTNER – EINMAL ANDERS

Wenn es uns gelingt, ab und zu das Kind in uns zum Sprechen zu bringen, können wir viel über unsere vergessenen Wünsche und Träume, Hoffnungen und Ängste erfahren.

Entspannen Sie sich zu Beginn einige Minuten. Wenn wir uns entspannen, kommen unsere Gedanken zur Ruhe und die Tür zu unserem Unbewussten öffnet sich.

Sie brauchen einen großen Bogen Papier (DIN A3) für jeden und Malkreiden oder dicke Filzstifte. Setzen Sie sich an getrennte Plätze.

- Lenken Sie Ihre Aufmerksamkeit nach innen und zwar in die Zeit zurück, als Sie etwa sieben Jahre alt waren und gerade Schreiben gelernt hatten. (1 Minute)
- Suchen Sie sich dann ein Schreibwerkzeug aus, dessen Farbe zu Ihrer derzeitigen Stimmung passt. Sie sollen Ihrem Partner jetzt einen Brief zum Thema «Meine letzte Woche» schreiben. Lassen Sie sich dabei von den Gedanken und Empfindungen des siebenjährigen Kindes leiten und drücken Sie in möglichst einfachen Sätzen aus, was Sie in den vergangenen Tagen getan, erlebt und gefühlt haben. Hören Sie auf die Stimme des siebenjährigen Kindes und schreiben Sie auf, was es Ihnen zuflüstert. Sie können auch die eine oder andere kleine Zeichnung einfügen. Überlassen Sie sich der Intuition des Augenblicks und bringen Sie alles zu Papier, was Ihnen spontan durch den Sinn geht. (ca. 20 Minuten)
- Falten Sie Ihre Briefe nach etwa zwanzig Minuten zusammen und treffen sich wieder mit Ihrem Partner. Überreichen Sie einander Ihre Briefe. Jeder entfaltet nun den Brief des anderen und nimmt sich einige Minuten Zeit zum Lesen.
- Gespräch: Was habe ich empfunden, als ich den Brief verfasste? Habe ich die Stimme des Kindes in mir hören können? – Wie

beschreibt die Kinderstimme mein tägliches Leben? – Wieweit unterscheidet sich ihre Sicht von meiner gewöhnlichen, erwachsenen Perspektive? – Wie habe ich deinen Brief erlebt? – Was hat mich daran überrascht? – Habe ich daraus etwas Neues über dich erfahren?

LAUT-MALEREI

Dies ist weniger eine Übung als ein Spiel. «Lautmalerei» kann erfrischen, wenn wir das Gefühl haben, dass unsere Sprache allzu intellektuell und steril geworden ist.

- Beginnen Sie auch diese Übung mit einigen Minuten der Entspannung.
- Setzen Sie sich dann einander gegenüber, schauen Sie sich an und beginnen Sie ein «Gespräch». Sie sollen diesmal aber nicht Deutsch sprechen und auch nicht die Worte irgendeiner anderen Sprache benutzen. Erfinden Sie spontan eine neue Sprache oder greifen Sie auf die so ausdrucksvolle Babysprache zurück. In dieser «Sprache» können Sie sich alles sagen, was Ihnen durch den Sinn geht. Sie können Gedanken, Stimmungen und Gefühle ausdrücken, ohne nach Worten suchen zu müssen. Das hat z.B. den Vorteil, dass wir keine Angst zu haben brauchen, den Partner mit bestimmten Formulierungen zu erschrecken oder zu provozieren. Auch in einer Phantasiesprache können wir zwar schimpfen und unserem Zorn freien Lauf lassen, denn es steht uns ja die ganze Bandbreite von Mimik, Tonlage und Lautstärke zur Verfügung. Sie werden aber erleben, dass eine in unverständlichen Lauten ausgestoßene «Beschimpfung» längst nicht so verletzend wirkt wie eine vielleicht viel dezentere Kritik auf

Hochdeutsch. Zärtliche «Worte» und Liebeserklärungen werden dagegen, ob in Babysprache und in unverständliche Lautgebilde verkleidet, von unserem Gegenüber sehr gut verstanden.

SEX UND LIEBE

Love happened at last,
and we entered God's paradise,
sliding under the water
*like fish.**
Nizar Qabbani

Unsere Sexualität betrifft Körper, Geist und Seele. Wenn wir sie nur physiologisch verstehen, dann zerstören wir ihr Geheimnis. Sex ist eine Interaktion von Körper und Geist, und es gehören zwei Menschen dazu. Darum können wir unsere sexuellen Schwierigkeiten nur gemeinsam mit unserem Partner zu lösen versuchen. Das erfordert geistige Arbeit und ein offenes Herz.

Wenn wir uns sexuell miteinander wohlfühlen wollen, müssen wir miteinander über unsere Bedürfnisse sprechen. Das Kapitel bietet viele Anregungen, wie wir Hemmungen überwinden und miteinander reden können. Lesen Sie die Experimente, bevor Sie damit beginnen, und überfordern Sie sich nicht. Unsere sexuellen Wünsche sind ein sensibles Thema. Wenn wir wenig Übung haben, darüber zu sprechen, sollten wir uns Zeit lassen. Wie beim sexuellen Akt ist es auch hier nicht die Schnelligkeit, sondern die Qualität, die zählt.

Das Thema Sexualität scheint voller Widersprüche: Unsere sexuellen Phantasien können extrem sein, bis hin zu Vergewaltigung

*Endlich ereignete sich die Liebe, und wir tauchten in Gottes Paradies ein, unter Wasser gleitend wie Fische. (Aus dem Gedicht «On Entering the Sea».)

und anderen sado-masochistischen Vorstellungen. Wenn wir Derartiges phantasieren, bedeutet das nicht, dass wir es in der Realität genießen würden. Selbst Sado-Maso-Spiele beruhen auf der gegenseitigen Übereinkunft der Beteiligten. Nur was freiwillig getan wird, kann genossen werden, Zwang ist niemals lustvoll.

Noch mehr Widersprüche: Wir können aufregenden Sex haben mit jemandem, dem wir uns emotional kaum oder gar nicht verbunden fühlen. Wir können eine Person lieben und uns gefühlsmäßig stark mit ihr verbunden fühlen und dennoch sexuellen Kontakt zu ihr meiden. Eine auf Dauer angelegte Paarbeziehung beruht jedoch auf der Idee, dass wir beides vereinbaren: eine starke innere Bindung und ein Sexualleben, das beide genießen können. Wenn ein Paar über längere Zeit keinen befriedigenden sexuellen Austausch miteinander hat, so ist die Beziehung gefährdet. Spätestens wenn einer von beiden eine sexuelle Außenbeziehung eingeht, kommt es zur Krise.

Auch wenn es ganz normal ist, dass Paare Zeiten durchleben, in denen sie auf sexuellem Gebiet frustriert sind und/oder kaum miteinander schlafen, so ist dieser Bereich doch für die meisten von uns sehr wichtig. In einer guten Beziehung kann Sex eine starke Kraft sein, die uns miteinander verbindet. Andererseits gibt es kaum Paare, denen es gelingt, ohne emotionale Nähe eine befriedigende sexuelle Beziehung aufrechtzuerhalten.

Wie hängen befriedigender Sex und emotionale Verbundenheit miteinander zusammen? Viele Frauen sagen, dass sie Schwierigkeiten haben, den sexuellen Akt mit dem Partner zu genießen, wenn das Klima zwischen beiden schlecht ist, wie z.B. nach einem Streit. Männer dagegen erleben den Liebesakt häufig trotz eines offenen Konflikts als befriedigend. Sie empfinden ihn dann als Bestätigung der Verbundenheit jenseits des Streits. Eine vorhergehende Missstimmung verliert dadurch für sie an Gewicht. Bedeutet das, dass innere Nähe, wenn es um Sex geht, für Frauen wichtiger ist als für Männer? Eine schwierige Frage, die die meisten Männer wohl mit Nein beantworten würden. Eines ist jedoch sicher: selbst wenn nur ein Partner sexuell unzufrieden ist, so haben dennoch beide ein Problem, denn in unserem Liebesleben sind wir nicht auseinanderzudividieren. Und den besten Sex haben jene Paare – manche bis ins hohe Alter –, die ihre Bindung als harmonisch und sicher erleben.

In unserer Sexualität drücken sich Körper und Geist, Herz und Seele aus: «In der Sexualität eines Paares», schreibt das Therapeutenpaar Ballet de Coquereaumont, «finden wir alle Charakteristiken seiner täglichen Kommunikation. Wenn es Probleme gibt, ist es den beiden nicht gelungen, ausreichend Intimität in ihrer Kommunikation zu schaffen. Manche glauben, ihren Mangel durch den physischen Genuss, den der sexuelle Akt verschafft, ausgleichen zu können, aber das ist eine Illusion; die Sexualität heilt nicht die Leiden. Eine entwickelte Sexualität geht weit über den körperlichen Bereich hinaus. Sie ist eine Vereinigung, ein Austausch von Seele zu Seele, die Zeit braucht, um sich entwickeln zu können und die tief an die Intimität gebunden ist, die Intimität, die eine Quelle der Extasen ist, die man im sexuellen Akt erleben kann.»[19]

Zu David Schnarch, Autor einiger umfangreicher Werke zur Sexualtherapie, kommen Paare, die seit Jahren keinen Sex mehr hatten. Männer, die seit ihrer Pubertät unter vorzeitigem Samenerguss leiden, Frauen, die in ihrem Leben noch keinen Orgasmus hatten. Nach wenigen Tagen reisen die Paare wieder ab und sagen: Diese Therapie hat unser Leben verändert. – Was bietet Schnarch seinen Klienten? Er rät ihnen zu Offenheit und Konfliktbereitschaft: «Die Entscheidung liegt bei Ihnen. Sie können Ihre Beziehung beenden, die nächste beginnen und auch hier wieder in der Stagnation landen. Oder Sie lassen alles so, wie es ist: kein Sex, schlechter Sex, Vorwürfe, Gegenvorwürfe. Oder, die beste Möglichkeit, Sie beschließen, etwas zu ändern. Fragen Sie sich, wer Sie sind und was Sie wirklich wollen. Überwinden Sie Ihre Angst und sagen Sie es Ihrem Partner. Und vor allem: Halten Sie den Konflikt aus. Und den nächsten und den danach. Jeden. Daran werden Sie wachsen und eine wirkliche Intimität zu Ihrem Partner bekommen.»[20]

Die Sexualität ist einer der ältesten, geheimnisvollsten und empfindlichsten Bereiche unserer Psyche. Wenn wir miteinander darüber sprechen, müssen wir uns den Gefühlen unseres Partners behutsam und mit Respekt annähern. Das bedeutet nicht, dass wir sexuelle Themen tabuisieren und mit Schweigen übergehen sollen. Oberflächlich gesehen, mag dies leicht scheinen: Sex ist heute omnipräsent. In Talkshows wird über die intimsten Dinge gesprochen. All das sagt jedoch wenig darüber aus, wie informiert und reif wir heute wirklich sind. Im Gegenteil: es zeigt eher, mit wie viel versteckter Neugier, mit wie vielen heimlichen, unerfüllten Wünschen wir es zu tun haben.

Bei Gesprächen über erotische und sexuelle Themen ist es besonders wichtig, dass wir einander nicht mit kritischer Distanz, sondern offen und liebevoll zuhören. Setzen Sie sich nah zusammen. Schauen Sie sich beim Sprechen an und berühren Sie sich von Zeit zu Zeit leicht mit der Hand. Der Körperkontakt vermittelt ein Gefühl der Zusammengehörigkeit. Er nimmt uns die Angst vor Zurückweisung und Kritik.

Lassen Sie sich nicht durch Statistiken verunsichern, weder was die Häufigkeit noch was die Möglichkeiten sexuellen Austauschs angeht. Wir sind keine genormten Wesen. Die Bandbreite dessen, was normal ist oder für uns passend, ist unendlich groß. Wichtig ist, dass Sie beide mit Ihrem Liebesleben zufrieden sind. Auch was diese generelle Aussage angeht, müssen wir allerdings vorsichtig sein: Es kann vorkommen, dass nicht immer jeder von uns zu jeder Zeit genau das bekommt, wovon er träumt. Stress oder Krankheiten können die Sexualität beeinflussen. Wir sind keine Maschinen, und die Höhen und Tiefen des Lebens wirken sich auf unsere Psyche ebenso aus wie auf unseren Körper und damit auf unser erotisches Empfinden und unsere sexuellen Bedürfnisse. Manche Frauen fühlen sich z. B. nach einer Entbindung durch das neugeborene Kind völlig besetzt. Das kann ein paar Wochen oder Monate dauern. Hier kommt es u. a. darauf an, wie es dem Mann gelingt, seine eigene Rolle gegenüber dem Kind zu finden, die Frau dadurch zu entlasten und sie wieder als Partnerin zurückzugewinnen. Seien Sie geduldig.

Fast alle Paare kennen sexuelle Probleme. Besonders Schwankungen im sexuellen Verlangen können uns irritieren. Wenn wir uns nachhaltig beeinträchtigt fühlen, sollten wir uns medizinischen Rat holen. Wir sollten uns jedoch hüten, uns vorschnell auf eine medizinische Diagnose festzulegen.

Im Folgenden möchten wir Ihnen einige Vorschläge machen, die Ihnen helfen können, Erotik und Sex immer neu zu genießen.

- Achten Sie darauf, dass Sie bei allen sexuellen Interaktionen eine emotionale Verbindung miteinander haben. Die Fähigkeit, körperlichen Kontakt herzustellen, damit zu experimentieren, Spaß dabei zu haben und gleichzeitig eine geistig-seelische Verbindung mit dem Partner zu knüpfen, könnte man als «erotische Intelligenz» bezeichnen. Sie erlaubt uns den Zugang zum Gefühl des Partners, zu seinen Wünschen, zu seinen Befürchtungen, zu seinem Herzen. Diese Intelligenz ist wirksamer und Lust erzeugender als jede sexuelle Technik. Hüten Sie also beim Liebesspiel die Flamme der emotionalen Verbindung. Keiner darf das Gefühl haben, einsam zu sein oder ausgenutzt zu werden.
- Knüpfen Sie ein Liebesbündnis mit dem Partner im Bett und im Alltag. Das bedeutet, dass wir auch die nichtsexuellen Aspekte der Beziehung pflegen müssen. Jeder Partner will sich ernst genommen und respektiert fühlen. Liebe glückt nur, wenn es keine Barrieren oder schwelenden Konflikte zwischen uns gibt. Wir brauchen ein offenes Herz, um leidenschaftlich begehren zu können.
- Geben Sie sich selbst die Chance, Ihre Persönlichkeit zu entwickeln. Das bedeutet in erster Linie, dass wir im Laufe unseres Lebens lernen, Stress, Angst und Trauer zu akzeptieren, da sie uns helfen, weiser zu werden. Das heißt auch, dass wir bereit sind, uns selbst zu vergeben, toleranter zu anderen zu sein und eine optimistische Einstellung zu entwickeln. Wenn wir uns selbst als wertvoll betrachten und mit spezifischen Stärken beschenkt, dann haben wir gute Chancen, unsere Beziehung und unsere sexuelle Verbindung zu vertiefen.

Die Lösung erotischer oder sexueller Blockaden und Konflikte erfordert mehr als physische Stimulation. Oft ist es nötig, dass wir erwachsener werden, neue Wahrheiten suchen und akzeptieren, dass wir Nähe riskieren und bereit sind, uns zu verändern. Unsere Sexualität ist – ähnlich wie unsere körperliche Gesundheit – eine Einladung, die wir nicht ablehnen dürfen: zur Veränderung und zur Großzügigkeit.

SEXUALITÄT ERKUNDEN 1

Sex ist für die meisten von uns ein schwieriges Thema. Gerade mit dem Menschen, mit dem wir das Bett teilen, fällt es uns oft schwer, über unsere Empfindungen und Bedürfnisse zu sprechen. Wir fürchten, seine Gefühle zu verletzen oder zurückgewiesen zu werden. Doch wenn wir selbst nicht sprechen, wird meist auch der andere schweigen, und ein Bereich, der eigentlich eine Quelle des Vergnügens sein sollte, droht im Nebel des Unwissens und der Missverständnisse unterzugehen.

Die folgenden Fragen können uns helfen, die Geschichte unserer Sexualität zu beleuchten. Das kann ein erster Schritt sein, um einander besser zu verstehen. Außerdem wollen diese Fragen uns anregen, die Regeln und Normen, nach denen wir erzogen wurden, kritisch zu prüfen.

❊ Denken Sie zunächst jeder für sich über die Fragen nach und sprechen Sie anschließend zusammen darüber.

- Welche Rolle spielte der Körper in meiner Kindheitsfamilie?
- Was wurde geschätzt?
- Was wurde für gefährlich gehalten?
- Was wurde ignoriert?
- Wie war die Einstellung meiner Eltern zur Sexualität?
- Wie gingen die Eltern mit ihrer eigenen Sexualität um?
- Sprachen sie offen über sexuelle Themen oder nur in Andeutungen?
- Habe ich mit Vater oder Mutter über sexuelle Themen gesprochen? Wie fühlte ich mich dabei?
- Wie verhielten sich meine Eltern meiner Sexualität gegenüber?
- Welches sind meine frühesten Erinnerungen an sexuelle Phantasien und Erfahrungen?
- Inwieweit hat meine religiöse Erziehung meine Einstellung zur Sexualität beeinflusst?
- Inwieweit hat sich meine Einstellung später geändert?

SEXUALITÄT ERKUNDEN 2

✻ Die folgenden Fragen sind dafür gedacht, dass jeder von Ihnen sie sich selbst stellt, ohne mit dem anderen darüber zu sprechen:

- Habe ich manchmal Angst, sexuell zurückgewiesen zu werden?
- Fühle ich mich manchmal sexuell unattraktiv, gehemmt oder ungeschickt?
- Berührt mein Partner/meine Partnerin mich so, wie ich berührt werden möchte?
- Habe ich Fragen oder Befürchtungen, was meinen Orgasmus oder Samenerguss betrifft?
- Habe ich sexuelle Phantasien, die ich meinem Partner/meiner Partnerin nicht mitzuteilen wage?
- Könnte ich mit meinem Partner/meiner Partnerin über Masturbation sprechen?
- Könnte ich mit meinem Partner/meiner Partnerin darüber sprechen, dass ich irgendwann sexuell missbraucht wurde?

✻ Nehmen Sie nun jeder ein Blatt Papier und schreiben Sie darauf als Überschrift «Drei Punkte, die ich zum Thema Sex schwierig finde.» Notieren Sie auf Ihrem Blatt, was Ihnen dazu einfällt.

✻ Setzen Sie sich nun zusammen und lesen Sie sich gegenseitig Ihre Notizen vor. Der andere hört schweigend zu. Denken Sie daran: Dies ist ein neuer Schritt und ein großer Vertrauensbeweis.

✻ Tauschen Sie sich anschließend über die Gedanken und Gefühle aus.

GEOGRAFIE DER SINNLICHKEIT 1

In den ersten Monaten nach unserer Geburt hing unser Leben davon ab, dass es eine oder mehrere Personen gab, die uns liebevoll berührten. Auch Nahrung und Pflege waren wichtig, die Medizin weiß jedoch seit langem, dass Babys, die zu Beginn ihres Lebens nicht im Arm gehalten, zärtlich berührt und gestreichelt werden, kaum Überlebenschancen haben. Später haben wir gelernt, dass Berührungen etwas mit Erotik und Sex zu tun haben. Vielleicht ist das ein Grund dafür, dass viele von uns Angst vor zärtlicher und intensiver Berührung außerhalb sexueller Begegnungen entwickelt haben. Die Vorurteile und Ängste, die Erziehung und Kultur uns vermitteln, machen es uns schwer, es auf diesem Gebiet zu Könnerschaft zu bringen. Jede Kunst will geübt werden. Doch wenn wir nicht vorzeitig aufgeben, können wir Beglückendes erleben.

Wenn Sie wissen möchten, wie Ihr Partner sexuell empfindet, was ihn besonders anspricht und wie er berührt werden möchte, dann müssen Sie versuchen, jede Nuance zu erfahren. Und Sie müssen bereit sein, auch über Ihre eigenen Bedürfnisse zu sprechen.

Manche erotische Information wird direkt von Körper zu Körper weitergegeben. Wir müssen jedoch aufmerksam sein und offen. Vieles haben wir vielleicht schon lange Zeit unbeachtet gelassen, weil wir taub und blind waren oder weil wir nicht gewagt haben zu sehen oder zu zeigen. Dann kann uns die Sprache helfen, alte Missverständnisse aufzulösen. Hier einige Anregungen:

Umarmungen: Wenn Sie von Ihrem Partner gern häufiger umarmt oder einfach im Arm gehalten werden möchten, dann sagen Sie es ihm jetzt. Welche Umarmungen tun Ihnen besonders gut? Wann werden Sie nicht so gern umarmt? Wann wünschen Sie es sich, einfach gehalten zu werden, wie ein Kind im Arm von Mutter oder Vater? Seien Sie möglichst genau. Wie fest oder wie sanft wünschen Sie sich die Umarmungen und wann darf es auch mal anders sein?

Küsse: Küssen ist eine Kunst, die man auf sehr unterschiedliche Weise üben kann. – Was wissen Sie über die Wünsche Ihres Partners auf diesem Gebiet? Fragen Sie ihn, wie er gern geküsst wird. Welche Art Küsse empfindet er als besonders erotisch? Wird er gern sanft und zärtlich oder leidenschaftlich und wild geküsst? In welchen Momenten? Auf den Mund? Und wo noch? Wo nicht so gern? – Wenn Sie glauben, einiges verstanden zu haben, probieren Sie es aus ... Übrigens: ein ganz zarter Kuss zwischendurch auf die geschlossenen Augenlider kann sehr delikat sein!

Berührungen: Fragen Sie Ihren Partner, wie er gern von Ihnen berührt wird. Fragen Sie auch, was er nicht so gern mag. Wie sanft, wie kräftig soll die Berührung sein? An welchen Stellen wird er gern berührt? Wann empfindet Ihr Partner eine Berührung vielleicht als Übergriff? Wann wird eine Berührung als zärtlich, wann als erotisch, als sexuell stimulierend empfunden? Verabreden Sie sich, um praktisch herauszufinden, ob Sie sich richtig verstanden haben. Oder probieren Sie es gleich jetzt aus! Dann werden Sie merken, ob Sie richtig liegen. Und Sie werden noch einiges mehr erspüren, was vielleicht nicht ausgesprochen wurde.

GEOGRAFIE DER SINNLICHKEIT 2

Wenn Sie das letzte Experiment schon erfolgreich durchgespielt haben und Ihre Erkenntnisse noch verfeinern möchten, dann wird diese Übung interessant für Sie sein. Sie können aber auch mit diesem Teil der «Geografie der Sinnlichkeit« beginnen. Wenn Sie Gedanken, Gefühle und alle Sinne gern frei schweifen lassen, dann haben Sie hier Gelegenheit dazu.

- Setzen Sie sich einander gegenüber, am Boden, auf einem Sofa oder auf Stühlen, ganz wie Sie mögen. Schauen Sie sich in die Augen, entspannt, ohne sich gegenseitig zu fixieren.
- Abwechselnd kann nun jeder von Ihnen sprechen. Thema ist der ganze Bereich von Erotik, Sexualität, Zärtlichkeit und Berührung. Sprechen Sie über Ihre Kindheit. Sprechen Sie über frühere sexuelle und erotische Erfahrungen, wenn Sie glauben, dass Ihr Partner Sie dann besser versteht. (Tun Sie Letzteres mit Fingerspitzengefühl. Wenn wir allzu sehr von vergangenen Liebesgenüssen schwärmen, wird der andere möglicherweise mit Eifersucht reagieren und sich verschließen.) Sprechen Sie von Ihren jetzigen Bedürfnissen und Empfindlichkeiten, von Ihren Wünschen und Träumen. Jeder redet so lang, wie er möchte. Auch Pausen zum Nachdenken und In-sich-Hineinhören sind wichtig.
- Der andere hört schweigend zu. Dann ist er selbst an der Reihe. Mit der Zeit kann aus den Monologen ein Dialog zwischen Ihnen entstehen.

WOVOR ICH ANGST HABE

Unsere Sexualität ist untrennbar mit unseren Gefühlen verbunden. Das macht sie anfällig für Störungen. Am besten geht es uns auf sexuellem Gebiet, wenn wir uns sicher, optimistisch und geliebt fühlen. Daher ist es wichtig, dass wir uns auch mit unseren Ängsten und Unsicherheiten beschäftigen.

Wenn wir uns sexuell frei fühlen wollen, müssen wir zunächst selbst verstehen, was wir uns wünschen. Mindestens ebenso wichtig ist aber, dass wir uns selbst und dem Partner eingestehen, was uns auf sexuellem Gebiet belastet und wovor wir Angst haben. – Bin ich attraktiv genug? Mache ich es richtig im Bett? Ist es normal, wie ich empfinde? Ist es okay, wie ich sexuell funktioniere?

Die scheinbare sexuelle Freizügigkeit und Aufgeklärtheit unserer Gesellschaft erleichtert uns die Sache nicht. Im Kino fallen sich frisch Verliebte in die Arme, um kurz darauf in lustvolles Stöhnen auszubrechen. Die Frauen reagieren multiorgasmisch, die Männer sind scheinbar endlos potent. Auch wenn unsere Vernunft uns sagt, dass wir es hier eher mit Comic-Sex zu tun haben als mit dem wahren Leben – unsere Befürchtungen sind zäh. Denn die Bilder vom idealen Sex leben tief in unserem Unbewussten, dicht neben den Bildern, wie eine «ideale» Frau, ein «idealer» Mann auszusehen hat.

Einen großen Schritt in Richtung auf sexuelle Freiheit kann es bedeuten, wenn wir unsere Befürchtungen und Unsicherheiten uns selbst und unserem Partner offen eingestehen, auch wenn sie uns als kindisch, spießig oder «unnormal» erscheinen. Das erfordert Mut. Was uns dabei helfen kann, ist der Gedanke, dass unser Partner mit Sicherheit ähnliche Befürchtungen hat.

- Sammeln Sie sich und notieren Sie auf einem Blatt in Stichworten Ihre Ängste und Befürchtungen.
- Einer von Ihnen kann dann beginnen und eine Befürchtung offenbaren. Der andere hört aufmerksam und schweigend zu. Wenn er nicht ganz verstanden hat, kann er nachfragen.
- Gehen Sie Ihre Listen abwechselnd Punkt für Punkt durch, so lange, bis einer von Ihnen das Thema beenden möchte.
- Tauschen Sie sich über Ihre Gefühle während des Gesprächs aus.

GEHEIME WÜNSCHE

Fast jede/r von uns hat geheime Wünsche auf sexuellem Gebiet. Manche/r wäre vielleicht gern körperlich selbstsicherer oder aktiver, würde vielleicht gern leichter zum Orgasmus kommen oder stärker empfinden. Oft gestehen wir uns diese Wünsche kaum selbst ein, geschweige denn unserem Partner, weil wir zu schüchtern sind, uns deswegen schämen oder Angst haben. Das kann eine tief sitzende Angst vor der eigenen Sexualität sein, aber auch die Befürchtung, dass unser Partner uns in eine Richtung drängen könnte, zu der wir uns noch nicht reif fühlen. So kommt es oft dazu, dass wir eigene Veränderungswünsche vor dem anderen geheim halten und damit auch die Chance verpassen, mit seiner Hilfe unserem Wunschziel näherzukommen.

Die schriftliche Form macht den Austausch einerseits verbindlicher und ermöglicht andererseits etwas innere Distanz. Das kann es leichter machen uns zu öffnen.

- Verabreden Sie sich für einen Abend, wenn keine Termine anstehen und Sie jede Störung ausschließen können.
- Nehmen Sie sich nun jeder ein Blatt Papier und Schreibzeug und notieren Sie – jeder für sich – in Stichworten, in welcher Hinsicht Sie sich auf sexuellem Gebiet gern ändern bzw. anders verhalten würden.
- Lesen Sie sich dann abwechselnd gegenseitig Punkt für Punkt vor. Erklären Sie Ihrem Partner auch, warum es Ihnen schwerfällt, über diese Dinge zu sprechen. Der andere hört schweigend zu. Es ist wichtig, dass Sie sich bei diesem schwierigen Thema gegenseitig Respekt für Ihre Offenheit ausdrücken, auch wenn es sich nur um kleine Offenbarungen handeln sollte.
- Gedankenaustausch.

WIEDER ANKNÜPFEN

Zeiten von Stress und starker Belastung können dazu führen, dass wir uns gegenseitig Vorwürfe machen und uns innerlich voneinander entfernen. Das hat meistens auch negative Auswirkungen auf unser Sex-Leben. In solchen Phasen kann es hilfreich sein, wenn wir uns Zeit füreinander nehmen und Erinnerungen an schöne gemeinsame Erlebnisse in uns wachrufen.

Die schriftliche Form erleichtert es uns, unsere Gedanken zu sammeln und sie unterstützt uns dabei, unsere positiven Erinnerungen unverfälscht weiterzugeben, frei von negativen Assoziationen, die vielleicht zur Zeit zwischen uns im Raum schweben.

❋ Verabreden Sie sich für eine Zeit, in der Sie sich von äußeren Belastungen frei halten können.

❋ Denken Sie zurück an die Zeiten leidenschaftlicher Liebe füreinander. Erinnern Sie sich an Augenblicke des Glücks, der Liebestrance.

❋ Nehmen Sie nun jeder Papier und Schreibzeug und notieren Sie in zwei Listen

– drei gute Erinnerungen an gemeinsame erotische oder sexuelle Erlebnisse. Versuchen Sie möglichst genau zu formulieren: Was war schön für mich?

– drei Dinge, die Sie heute – trotz Stress und Ärger – an Ihrem Partner reizvoll finden: Was zieht mich bei dir an?

❋ Setzen Sie sich einander gegenüber. Einer beginnt, seine Punkte vorzulesen. Der andere gibt mit seinen Worten wieder, was er gehört hat (ohne Einschränkungen und eigene Zusätze).

❋ Rollentausch.

❋ Wenn Sie am Ende Ihrer Listen angekommen sind, tauschen Sie sich darüber aus, was Sie während des Experiments empfunden haben und was Sie jetzt empfinden.

EROTISCHES ERLEBNIS

- Nehmen Sie jeder Papier und Schreibzeug und erfinden Sie eine Geschichte, bei der es um Sex geht. Sie können das Ganze in eine Liebesgeschichte einbetten, einen One-Night-Stand zwischen fast Fremden beschreiben oder was immer Ihnen einfällt. Lassen Sie Ihrer Phantasie die Zügel schießen und zensieren Sie sich nicht selbst. Ihr Produkt soll ja nicht veröffentlicht werden, sondern vertraulich bleiben. Wichtig ist, dass Sie möglichst genau beschreiben, was zwischen den beiden beteiligten Personen geschieht. Wer ergreift die Initiative? Was wird gesprochen? Wo kommt es zum Sex? Wer tut was? Versuchen Sie auch kurz zu beschreiben, wie sich die beiden fühlen.
- Lesen Sie sich gegenseitig Ihre Geschichten vor.

Variante: Schreiben Sie gemeinsam eine Geschichte, bei der es um ein sexuelles Erlebnis geht, und zwar so, dass jeder von Ihnen immer einen Satz beisteuert.

SEXUELLE PHANTASIEN

Die meisten Menschen genießen ihre geheimen sexuellen Phantasien. Das beginnt schon in der Kindheit, wo uns der sexuelle Inhalt noch unbewusst ist. Für viele von uns sind sexuelle Phantasien ein ständiger Begleiter. Und oft beziehen wir diese Phantasien in unser normales Sexualleben ein. Selbst wenn wir uns im Zusammenleben mit unserem Partner um Offenheit bemühen, so wird jeder von uns immer einen Bereich haben, der vielleicht auch für uns selbst im

Halbdunkel liegt und den wir geheim halten wollen, auch gegenüber dem Menschen, der uns am nächsten steht. Das ist auch völlig in Ordnung. Dennoch kann es unser Sexualleben bereichern, wenn wir einander ab und zu einen «Blick hinter die Kulissen« gewähren. Manche unserer sexuellen Phantasien sagen viel über uns und unser erotisches und sexuelles Erleben aus. Wenn wir unseren Partner einweihen, wird er uns vielleicht in einem ganz neuen Licht sehen. Er kann uns besser verstehen, und wir werden beide davon profitieren.

Bitte bedenken Sie: Solche sexuellen Träume und Phantasien bedeuten nicht unbedingt, dass der Träumer sie realisieren möchte. Sie sind eher ein Zeichen dafür, dass unsere erotische Energie uns Impulse gibt, unsere Grenzen zu überschreiten.

❊ Legen Sie sich am Boden auf den Rücken und entspannen Sie sich einige Minuten.

❊ Denken Sie nun beide darüber nach, welche sexuellen Phantasien Ihnen ab und zu durch den Sinn gehen und entscheiden Sie dann, welche davon Sie Ihrem Partner mitteilen möchten. Das kann auch eine Phantasie sein, die Ihnen gerade eben einfällt. Seien Sie mutig. Auch wenn Ihre Vorstellung Ihnen außergewöhnlich oder abwegig erscheint.

❊ Derjenige von Ihnen, der beginnen möchte, spricht nun über seine Phantasie. Beschreiben Sie Ihre inneren Bilder. Der Partner hört schweigend zu. Dann ist er an der Reihe.

SCHAU MIR IN DIE AUGEN! 1

Der folgende Satz stammt von Alexander Lowen, dem Begründer der Bioenergetik: «Der Blickkontakt schafft eine starke Verbindung zwischen zwei Menschen. Blicke sind eine Form der Berührung und sie ermöglichen es, Gefühle auf einer tieferen Ebene zu übermitteln als es mit Worten möglich ist. Wenn die Blicke eines Mannes und einer Frau sich begegnen, dann kann die Erregung so groß sein, dass sie wie ein Stromschlag den ganzen Körper erfasst und tief in alle Organe dringt. Wir sprechen dann von ‹Liebe auf den ersten Blick› ... Wenn zwei Menschen sich mit den Augen begegnen, kann sich ein tiefes Verständnis zwischen ihnen entwickeln.»[21]

- Beginnen Sie das Experiment mit einigen tiefen und entspannenden Atemzügen.
- Setzen Sie sich einander gegenüber. Schauen Sie sich in die Augen und atmen Sie weiter tief und vollständig. Blicken Sie sich dabei ununterbrochen an und achten Sie auf Ihre emotionalen und körperlichen Reaktionen. Sie werden sich vielleicht zunächst unbehaglich fühlen, vielleicht sogar eine gewisse Angst empfinden ... Behalten Sie Ihren offenen Blick bei und atmen Sie noch tiefer und vollständiger. Das erleichtert es Ihnen, sich immer wieder neu zu entspannen. Was immer Sie empfinden – vielleicht ein vorübergehendes sanftes Kribbeln in Armen und Beinen, ein Bedürfnis zu lachen oder sich auf andere Weise abzulenken – registrieren Sie es und schauen Sie sich weiter in die Augen ...

  Wenn einer von Ihnen eine Pause braucht, kann er kurz die Augen schließen, einige Male tief atmen, um dann wieder in die Augen des anderen einzutauchen ...

Nach den ersten Minuten werden die meisten von Ihnen spüren, wie die anfänglichen Gefühle von Peinlichkeit und Irritation verschwinden und einer neuen Erfahrung Platz machen. Tiefe Gefühle können auf diese Weise ausgelöst werden, vom Empfinden pulsierender Energie im Körper wie bei einem Orgasmus bis hin zu großer seelischer Nähe.

Sie werden vielleicht bemerken: Der Blick in die Augen des Partners eröffnet uns manchmal überraschende Einblicke in unser eigenes inneres Erleben.

EROTISCHES MENÜ

Mancher stürzt morgens, bevor er zur Arbeit fährt, nur schnell einen Kaffee herunter, und auch das Essen in der Kantine ist im Gespräch mit Kollegen schnell und gedankenlos vertilgt. Dennoch ziehen viele von uns ein Essen in Ruhe vor und Speisen, die mit Liebe und Phantasie zubereitet wurden. Mancher mag es ab und zu auch gern exotisch.

Sie ahnen schon, dass wir hier unser eheliches Liebesleben im Sinn haben. Abends sinken wir nach den Anstrengungen des Tages müde ins Bett, vielleicht bleibt die Tür angelehnt, weil ein Kind erkältet ist und uns nachts brauchen könnte. Vielleicht haben wir, um uns vom Ärger im Büro abzulenken, noch einen späten Film im Fernsehen gesehen oder am Wochenende mit Freunden lange zusammengesessen. Kurz gesagt: für ihr erotisches Leben nehmen sich die meisten von uns wenig Zeit. Was können wir dagegen tun, damit unser Sexualleben nicht zum Fastfood wird, zwar sättigend, aber kaum genussreich?

Wir schlagen deshalb vor: Schreiben Sie sich in einer ruhigen Stunde Ihre eigene erotische Menükarte!

- Wenn Sie sich in dieser Frage einig sind, sollten Sie sich als ersten Schritt für einen gemeinsamen freien Abend verabreden.
- Nehmen Sie sich einen Stapel Karteikarten und Buntstifte oder Malkreiden.
- Denken Sie nun in Ruhe – jeder für sich – darüber nach, wie Sie sich ein erotisches Menü vorstellen könnten. Tun Sie die Ideen, die Ihnen zum Thema «Vorspeisen» einfallen, auf einen Stapel, «Hauptgerichte» und «Nachspeisen» auf je einen anderen. Lassen Sie sich genügend Zeit, damit eine Vielfalt entsteht, aus der Sie später auswählen können. Denn beim Essen wie in der Liebe kann Abwechslung ausgesprochen appetitanregend wirken.

  Lassen Sie Ihrer Phantasie freien Lauf und schreiben Sie alles auf, was Sie persönlich an- oder aufregend finden. Sie brauchen nicht jeden Gedanken auszuformulieren. Stichworte genügen. Wenn es ans Ausprobieren geht, können Sie Ihrem Partner noch nähere Erläuterungen geben.
- Jeder sucht nun aus seinem Stapel «Vorspeisen» zwei bis drei Ideen aus, die ihm gut gefallen und präsentiert sie dem anderen. Wie findet Ihr Partner diese «Vorspeisen»?
- Machen Sie dasselbe mit den «Hauptgerichten» und den «Nachspeisen.»

  Und vertrauen Sie darauf: Ihr sexuelles Unbewusstes wird alle diese Dinge aufbewahren und mit der Zeit erweitern.

FUß-MASSAGE

Mit unseren Füßen spüren wir den Boden, der uns trägt. Durch unsere Füße sind wir mit der Erde «verwurzelt».

Wichtige Nervenstränge aus dem ganzen Körper enden in unseren Füßen. Die Lehre von den Reflexzonen der Füße hat dieses

Phänomen detailliert untersucht. Über die Füße lassen sich einzelne Organe und auch der ganze Körper beeinflussen.

Auch wenn wir keine Fachleute auf diesem Gebiet sind, können wir einander durch eine Fußmassage Entspannung und Wohlbefinden verschaffen. Entscheidend ist nicht die Technik der Berührung sondern das Maß unserer Zuwendung.

❋ Ihr Partner liegt auf dem Bett, einem Tisch oder am Boden. Vorschläge, wie Sie vorgehen können:

❋ Nehmen Sie einen seiner Füße in Ihre beiden Hände. Halten Sie den Fuß einen Moment. Lassen Sie Energie und Wärme aus Ihren Händen in den Fuß strömen.

❋ Nehmen Sie dann jeden einzelnen Zeh – einen nach dem anderen – zwischen Ihre Finger. Ziehen und drehen Sie die Zehen leicht. Massieren Sie sie von allen Seiten.

❋ Nehmen Sie nun wieder den Fuß in beide Hände. Massieren Sie die Oberseite des Fußes und den Spann mit den Handballen und den Daumen. Pressen Sie den Fuß ein wenig und lassen Sie Ihre Handballen vom Mittelfuß zu den Seiten wandern.

❋ Kehren Sie jetzt zu den Zehen zurück und pressen Sie leicht den Ballen und die Unterseite jedes Zehs.

❋ Lassen Sie Ihre Hände dann mit leichtem Druck den ganzen Fuß umkreisen, die Oberseite bis zum Knöchel, die Hacke und die Fußsohle. Seien Sie an den Sohlen bitte besonders behutsam, denn Sie berühren dort Tausende feiner Nervenenden und Reflexpunkte!

❋ Arbeiten Sie sich dann über die Hacke zur Achillessehne vor, gleichmäßig reibend und pressend, knetend und leicht streichend, bis der ganze Fuß entspannt und durchwärmt in Ihren Händen liegt.

❋ Halten Sie den Fuß noch einmal, wie anfangs, zwischen Ihren beiden Händen, ehe Sie zum zweiten Fuß übergehen.

❋ Dann ist der Masseur an der Reihe sich hinzulegen, um selbst eine Fußmassage zu genießen.

IMPROVISIERTE BERÜHRUNG

Improvisation bedeutet, dass wir etwas spontan tun, ohne uns ein Ziel zu setzen. Wir lassen uns von unserer Intuition leiten und in diesem Fall auch von unserer Einfühlung.

Musik im Hintergrund, die Sie beiden mögen, kann der Situation Leichtigkeit geben und Sie beide in eine gemeinsame emotionale Atmosphäre einspinnen.

Geben Sie dem Experiment einen rituellen Charakter, indem Sie es immer in gleicher Weise einleiten – in einer angenehmen Umgebung, bei ruhiger Musik und Kerzenlicht.

- Gönnen Sie sich zu Beginn einige Minuten der Entspannung.
- Setzen Sie sich einander gegenüber auf Stühlen, auf einem Sofa oder am Boden, wie es für Sie bequem und angenehm ist.
- Beginnen Sie nun beide, sich gegenseitig ganz leicht mit den Fingerspitzen zu berühren. Lassen Sie Ihre Fingerkuppen wie Schmetterlinge den Körper Ihres Gegenübers besuchen ...
- Erlauben Sie nun Ihren Händen, Ihren Armen und Ihrem Körper, sich so zu bewegen, wie es Ihnen in den Sinn kommt ... Bleiben Sie bei leichten, ungezielten Bewegungen. Nehmen Sie sich Zeit. Dann werden Sie eine Art inneres Radar entwickeln, das Ihnen zeigt, wie Ihr Gegenüber berührt werden möchte. Sie können einander auch mit leisen Tönen oder mit Seufzern andeuten, was besonders guttut. Schließen Sie dabei, wenn Sie mögen, die Augen.

  Mit der Zeit werden Sie bemerken, dass sich Ihre Bewegungen mit denen Ihres Partners koordinieren. Es entsteht ein Tanz der Finger, der Hände, der Arme und Beine, eine Art Schmetterlingstanz der Körper ...

Beim ersten Mal sollten Sie sich für dieses Experiment etwa eine Viertelstunde Zeit nehmen. Später können Sie es länger ausdehnen.

STRÖMENDE ENERGIE

Bei dieser Massage geht es darum, die Energie aus allen Körperteilen Ihres Partners – aus Füßen, Händen, Kopf, Nacken usw. – miteinander zu verbinden und in einen sanften, anstrengungslosen Fluss zu bringen. Sie brauchen keine bestimmten Massagetechniken zu beherrschen. Wenn Sie in der Lage sind, Anspannung in Ihrem eigenen Körper zu spüren, dann werden Sie diese auch im Körper Ihres Partners wahrnehmen.

✻ Einer von Ihnen liegt auf dem Bauch, der andere sitzt oder kniet zunächst hinter ihm bei seinem Kopf.

✻ Gönnen Sie sich zu Beginn selbst einige tiefe und entspannende Atemzüge. Schließen Sie dabei die Augen, während Ihre Fingerspitzen leicht den Kopf Ihres Partners berühren.

✻ Öffnen Sie dann die Augen und beginnen Sie mit der Massage. Lassen Sie sich dabei von Ihrer Intuition leiten. (Vergessen Sie ruhig, was Sie im Laufe der Zeit vielleicht über Massage gelernt haben, und folgen Sie Ihrem Instinkt.) Tasten Sie sich zunächst zart und behutsam vor. Streichen und kneten Sie dann etwas kräftiger. Ihr Partner wird Ihnen Rückmeldung geben, was ihm guttut. (Vorsicht ist vor allem bei der Wirbelsäule geboten! Wenn Sie dort nur sanft entlangstreichen, werden Sie ganz sicher nichts falsch machen.)

✻ Sie können

- mit den Daumen, den Handballen oder mit den Fingerknöcheln der geschlossenen Faust streichen,
- Ihre Fingerspitzen als Harke benutzen,
- in großen Zügen mit den Handflächen arbeiten,
- mit den Daumen oder den Fingerspitzen kleine Kreise ziehen, sanft oder ein bisschen kräftiger,
- mit den Fingerspitzen trommeln,
- mit den Unterarmen streichen,

- mit den Handkanten leicht hacken,
- sanft mit den Handflächen schlagen,

oder was Ihnen sonst noch einfällt. Sie können dabei schweigen oder ab und zu ein paar Worte austauschen.

- Achten Sie auch auf Ihren Atem. Wenn er tief und natürlich fließt, werden Ihre Finger und Hände Sie leicht und sicher führen. Arbeiten Sie mit offenen Sinnen. Experimentieren Sie frei und spontan! (10-20 Minuten)
- Nach einer kleinen Pause können Sie die Rollen tauschen.

HIMMLISCHES VERGNÜGEN

- Am besten beginnen Sie dieses Experiment mit einem entspannenden gemeinsamen Bad.
- Nehmen Sie danach etwas Olivenöl und ölen Sie sich gegenseitig damit am ganzen Körper ein.
- Stellen Sie sich nun so einander gegenüber, dass Ihre Körper sich berühren und fangen Sie dann an, sich mit der Langsamkeit und den geschmeidigen Bewegungen von Schnecken umeinander herumzubewegen, immer in engem Hautkontakt.
- Einer von Ihnen legt sich auf den Rücken, der andere experimentiert mit den unterschiedlichsten Berührungen. Streicheln Sie den ganzen Körper des liegenden Partners nacheinander mit Händen, Füßen, Beinen, mit Ihrem Gesicht, den Armen, den Genitalien, mit Po, Brust und Rücken. Tun Sie das ganz langsam und überlassen Sie sich den Eingebungen des Augenblicks.
- Massieren Sie den Körper Ihres Partners mit allen Ihren Körperteilen, mal sanfter, mal fester. Sie können sich dabei mit den Armen so am Boden abstützen, dass die Berührungen leicht und schwebend bleiben. Ab und zu können Sie aber auch Ihr Ge-

wicht einsetzen. Achten Sie darauf, dass auch Ihr Partner das genießen kann.

- Der Liegende braucht nicht völlig passiv zu bleiben. Er kann an der Bewegung teilnehmen, bis eine Art Zeitlupen-Ballett der Körper entsteht.
- Machen Sie ab und zu eine Pause und atmen Sie dann einige Male tief aus und ein, damit Ihr Körper weich und entspannt bleibt.

SCHAU MIR IN DIE AUGEN! 2

Wenn Sie abends zu Bett gehen, können Sie folgendes Experiment machen:

- Legen Sie sich so, dass Sie einander in die Augen schauen können. Atmen Sie dabei tief und vollständig. Spüren Sie in alle Teile Ihres Körpers hinein und senden Sie Ihren Atem in jene Bereiche, die noch angespannt sind: Arme, Beine, Füße, Rücken und Nacken ...
- Wenn Sie sich vollkommen entspannt fühlen, berühren Sie mit Ihren Händen zart das Gesicht Ihres Partners. Streicheln Sie leicht sein Haar, seine Wangen, die Ohren, die Stirn, Nase, Augen und Lippen. Und schauen Sie sich dabei in die Augen. Nach einer Weile werden Sie spüren, wie Sie immer tiefer in die Unterlage und immer tiefer in den Blick des anderen einsinken.
- Wenn Sie schläfrig werden, verabschieden Sie sich mit einem Kuss. Und achten Sie am nächsten Morgen auf Ihre Gefühle.

KONFLIKTE LÖSEN

Das schwierigste Jahr einer Ehe ist
das Jahr, in dem wir gerade sind.
Erica Jong

Während eines schlimmen Zerwürfnisses würden Sie kaum nach diesem Buch greifen, es sei denn, Sie wollten es Ihrem Partner an den Kopf werfen. Damit es dazu nicht kommt, haben wir auf den folgenden Seiten einige Tipps und praktische Übungen für Sie zusammengestellt, die Konflikten vorbeugen helfen. Wie übrigens alles, was Sie in diesem Übungsbuch finden, darauf ausgerichtet ist, dass wir so selten wie möglich in feindselige Auseinandersetzungen geraten. Völlig krisen- und konfliktfrei zu leben ist allerdings kaum einem Paar vergönnt. Jede Entwicklung ist mit Krisen verbunden. Und ein heißer Streit kann vielleicht manchmal die Atmosphäre klären.

Von John Gottman stammt folgender Gedanke: Wenn wir auf bestimmte, an und für sich harmlose Angewohnheiten unseres Partners stark allergisch reagieren, dann sollten wir in uns gehen und uns fragen, woher diese heftige Reaktion stammt. In vielen Fällen werden wir auf Erfahrungen aus unserer Kindheit stoßen.

Gottman schildert den Konflikt eines Paares[22]: Andy und Kathy sind beide Mitte 30 und berufstätig, sie auf Teilzeitbasis; das Paar hat zwei schulpflichtige Kinder. Andy, durchaus bereit, sich im Haushalt zu engagieren, ist zunehmend unzufrieden. Wenn er abends nach Hause kommt, entspricht die Wohnung selten seinen Vorstellungen von Ordnung und Sauberkeit. Er greift dann zum

Staubsauger und räumt auf, fragt sich dabei jedoch, warum Kathy das nicht längst erledigt hat, wo sie doch seit Stunden im Haus ist. Wenn er seinen Unmut äußert, reagiert sie ärgerlich, denn sie hat anderes zu tun gehabt. Außerdem hält sie diese Dinge für weniger wichtig. – Wie können die beiden die ständigen Reibereien vermeiden, die daraus entstehen? Oder wie können sie zumindest vermeiden, dass sie sich zu einem handfesten Konflikt auswachsen?

In der Beratung erinnert sich Andy an seine Kindheit. Seine Mutter war eine perfekte Hausfrau. Das Haus war immer sauber und aufgeräumt, sofort nach den Mahlzeiten wurde das Geschirr gespült und weggestellt. Dieses Bild des wohlgeordneten Hauses seiner Kindheit hatte Andys Unbewusstes stark geprägt. Daraus war sein Wunschbild entstanden, am Abend eine gemütliche, aufgeräumte Wohnung vorzufinden. Nur so glaubte er sich zu Hause wohlfühlen zu können. Er war kein Pedant und verstand auch, dass seine Frau mit ihrem Job und den beiden Kindern andere Prioritäten hatte. Dennoch wurmte es ihn, auf sein Ideal verzichten zu müssen. Als die beiden verstanden, woher Andys Ideal stammte, waren sie in der Lage, ohne Vorwürfe und Verletzungen darüber zu sprechen. Kathy nahm sich vor, ihrem Mann ein Stück entgegenzukommen und sich um etwas mehr Ordnung zu bemühen. Andy seinerseits konnte die Dinge nun gelassener sehen.

Gottman weist darauf hin, wie wichtig es ist, dass Paare sich gegenseitig früh auf Dinge hinweisen, die sie stören. In der euphorischen Phase der Verliebtheit tun wir das selten. Wir fürchten, den anderen zu verletzen, möchten die wunderbare Atmosphäre der Übereinstimmung nicht gefährden. So schweigen wir in der Hoffnung, alles werde sich mit der Zeit schon einrenken. Das tut es aber selten, jedenfalls nicht von allein. Wir sollten niemals hoffen, dass er oder sie schon «von sich aus» spüren wird, was uns irritiert. (Gleichzeitig muss uns bewusst sein, dass auch wir selbst manchmal Dinge tun, die den anderen stören.) Wichtig ist, nicht zu lange mit unserer Beschwerde zu warten, denn sonst besteht die Gefahr, dass sich Ärger und Frustration anhäufen. Dann wird es immer schwieriger, das Thema gelassen anzusprechen.

Die Übungen, die wir für Sie in diesem Kapitel zusammengestellt haben, wollen Ihnen helfen, sich in ruhiger Atmosphäre auch über heikle Themen zu verständigen. Das heißt jedoch nicht, dass wir bei klärenden Gesprächen unsere Emotionen unterdrücken sollen. Wenn Paare sich im Umgang miteinander ständig zurückhalten und ihre emotionale Betroffenheit voreinander verbergen, so schadet das auf die Dauer ebenso der Beziehung wie bittere und verletzende Wortgefechte.

VERLETZLICHKEIT ZEIGEN

Gehirnscans haben gezeigt, dass wir Gefühle von Zorn in der linken Gehirnhälfte empfinden, wo auch Vergnügen und starkes Interesse ihren Platz haben. Anders als Trauer und Furcht, die in der rechten Gehirnhälfte gespürt werden und die uns dazu bringen, uns von der Welt zurückzuziehen, kann Zorn uns dazu bewegen, mit anderen in Kontakt zu treten, aktiv zu werden und uns zu engagieren. Solange wir unseren Zorn als bedrohlich oder destruktiv erleben, wird uns das schwerfallen. Wir fürchten dann, eine Lawine in Gang zu setzen, die sich unserer Kontrolle entzieht. Wenn wir unseren Zorn jedoch als positive, konstruktive Kraft verstehen können, dann befreien wir uns von dem Gefühl, ihn verbergen zu müssen. Wir können lernen, Zorn so auszudrücken, dass andere uns besser verstehen; dadurch entsteht weniger Groll und die Chance zur Problemlösung wächst.

Susan Johnson, Paartherapeutin und Vertreterin der «Emotionally Focused Therapy» schreibt: «Mir wurde klar, dass es bei den Konflikten eines Paares im Kern nicht um den Inhalt ihrer Streitigkeiten, sondern fast immer um die Stärke und Empfindlichkeit der Bindung zwischen beiden geht ... Die emotionalen Signale und Reaktionen zwischen ihnen bilden die Musik, die jede Interaktion zwischen den Partnern begleitet und ihre Beziehung bestimmt. Wenn diese Musik eine kreischende, verstörende Kakophonie bleibt, wird auch das beste Kommunikationstraining die Beziehung letztlich nicht heilen können.»[23]

Nach Ken Keyes[24] liegt allen unseren Verhaltensweisen eine positive Absicht zugrunde. Oft ist es die Sehnsucht nach Liebe, nach Verbundenheit, Trost oder nach Bestätigung unseres Wertes. Wenn wir häufig dieselben ineffektiven Kommunikationsmuster wiederholen, sollten wir bei uns selbst nachforschen, was sich dahinter verbirgt. Ziehen wir uns zurück, um unsere Verwirrung zu verbergen? Bedrängen wir den anderen, um unsere Unsicherheit zu überspielen? Schreien wir, weil wir uns schämen? Geben wir ungebetene Ratschläge, weil wir uns nützlich oder wichtig fühlen wollen? Diese Verhaltensweisen sind unproduktiv und irritierend, selten steckt jedoch eine böse Absicht dahinter. Wenn es uns gelingt, beim Partner und bei uns selbst den positiven Wunsch zu erkennen, der sich dahinter verbirgt, haben wir es leichter, mit Verständnis und nicht mit Ablehnung zu reagieren, denn Ablehnung führt naturgemäß meist zu einer Verstärkung der negativen Impulse.

Wenn wir etwas auf dem Herzen haben, uns beschweren, einen Konflikt klären wollen oder uns wünschen, dass der Partner sein Verhalten ändert, dann kann uns der folgende Gedanke helfen: Lebendige Beziehungen führen zu lebendigen Differenzen. Produktive Auseinandersetzungen machen das Leben farbig und trainieren unsere Intelligenz und unsere Gefühle. Differenzen zu klären, kann sogar spannend sein, wenn wir eine gewisse Kommunikationskultur pflegen.

Die folgenden nützlichen Tipps für Verhandlungen stammen von der amerikanischen Psychotherapeutin Charlotte Kasl. Während einer Auseinandersetzung sollten wir

- nur einen Punkt auf einmal besprechen. Es ist nicht fair, während eines Streits zu anderen Problemthemen zu wechseln. Wenn der Partner uns irgendwann Dinge über sich anvertraut hat, dürfen wir sie im Streit nicht gegen ihn verwenden. Dasselbe gilt für frühere Verfehlungen.
- in Ich-Form sprechen: «Es ist schwierig für mich, wenn du ...», «Es frustriert mich, wenn du ...» oder «Ich würde gern ...». Aussagen wie: «Ich fände es gut, wenn wir ...» führen dagegen oft zu ungünstigen Reaktionen.

- Formulierungen wie «Du tust/sagst *immer* ...», «Du tust/sagst *niemals* ...» oder «Das hast auch du getan!» vermeiden.
- versuchen, die Bedürfnisse, Gefühle und Wünsche auszudrücken, die sich unter unserem Zorn, unserer Frustration oder unserer Angst verbergen. Außerdem sollten wir uns darum bemühen, dem anderen unsere Gedanken zu erläutern, z. B. wie wir zu einer bestimmten Erkenntnis gekommen sind.
- uns möglichst einfach ausdrücken, in einem oder zwei Sätzen, und der Versuchung widerstehen, uns zu rechtfertigen oder zu verteidigen.
- wenn das Gespräch uns frustriert, tief durchatmen und um einen Moment der Stille bitten. Wenn wir uns gereizt, angestrengt, aufgeregt oder bedrängt fühlen, sollten wir eine Pause einlegen. Wir können dann einige Minuten schweigend zusammensitzen und uns wieder beruhigen, bevor wir das Gespräch fortsetzen.
- wenn wir in einem Streit auf der Stelle treten, eine Auszeit nehmen und vielleicht jeder für sich ein paar Notizen darüber machen, was uns blockiert. Anschließend können diese Notizen vorgelesen werden.
- uns entschuldigen, wenn wir die Grenzen des Respekts überschritten, uns unfair oder lieblos geäußert haben.
- uns immer wieder bewusst machen, dass es in jedem Konflikt darum geht, eine Lösung zu finden, mit der beide leben können.[25]

AUSZEIT NEHMEN

Sehr wertvoll erscheint uns der Rat, in heftigen Auseinandersetzungen eine Auszeit zu nehmen. Dadurch können wir es leichter vermeiden, in der Aufregung Dinge zu sagen, die wir nachher bereuen. Wenn der Streit erbittert zu werden droht und beide sehr aufgebracht sind, kann es sogar sinnvoll sein, sich für einen späteren Termin – in ein paar Stunden oder am nächsten Tag – zu verabreden. Oft sind Zorn und Ärger dann verflogen und wir können wieder sachlicher sprechen. Vielleicht kennen auch Sie die folgende

Situation: Sie streiten sich heftig. Es kommt ein Anruf dazwischen, der einen von Ihnen ablenkt. Danach geht die Auseinandersetzung viel ruhiger weiter. Oder: Sie bekommen Besuch oder gehen aus. Das ändert völlig die Perspektive. Sicherlich sind diese Dinge auch abhängig vom Temperament jedes Einzelnen. Dahinter steckt jedoch die Tatsache, dass unsere momentanen Gefühle die sachliche Ebene der Auseinandersetzung oftmals überlagern und in den Hintergrund drängen können. Es ist daher eine Illusion zu glauben, man könne und müsse alles auf der Stelle «ausdiskutieren». Etwas später oder am nächsten Tag zeigt die Angelegenheit oft ein ganz anderes Gesicht.

Manche Differenzen sind schwer zu lösen. Wir brauchen dafür Zeit und mehrere Anläufe. Und in einigen Fällen müssen wir uns darauf einstellen, eine Weile oder sogar auf Dauer mit unterschiedlichen Auffassungen zu leben.

ZIELE AUSBALANCIEREN

Brian Dyson, der ehemalige Chef von Coca-Cola, soll einmal gesagt haben: «Das Leben ist ein Spiel, in dem wir mit fünf Kugeln jonglieren; dies sind: unsere Arbeit, unsere Familie, unsere Gesundheit, die Freunde und unsere Seele. Die Arbeit ist wie ein Gummiball; wenn wir sie fallen lassen, springt sie zu uns zurück. Die Familie, unsere Gesundheit, die Freunde und unsere Seele dagegen sind aus Glas. Wenn wir eines von ihnen fallen lassen, wird es unwiderruflich angeschlagen, beschädigt oder zerbricht ganz.»[26]

- Kommen Sie in einem Raum zusammen, wo Sie beide bequem in einigem Abstand am Boden liegen können. Dämpfen Sie das Licht oder zünden Sie eine Kerze an und entspannen Sie sich einen Moment.
- Bleiben Sie am Boden liegen. Wenn Sie die Augen schließen möchten, dann tun Sie das.
- Denken Sie an das Leben, das Sie täglich führen: Fühlen Sie sich oft unter Stress? – Gibt es Dinge, die Sie besonders genießen? Haben Sie das Gefühl, dass die verschiedenen Themen, die für Sie und Ihr Leben wichtig sind, einigermaßen gleichmäßig zu ihrem Recht kommen? – Denken Sie einige Minuten in Ruhe über diese Fragen nach.
- Sprechen Sie nun abwechselnd, ganz assoziativ und ohne bewusst aufeinander Bezug zu nehmen. Jeder soll nur ein Wort oder einige wenige Worte sagen, dann ist der andere wieder an der Reihe.

  Nehmen Sie sich so viel Zeit, wie Sie brauchen. Sagen Sie, was Sie freut und was Sie bedrückt oder erschöpft. Nennen Sie Ihre Herzenswünsche.

  Lassen sie sich von den Ideen Ihres Partners mitziehen, wenn Ihnen danach ist, verzichten Sie jedoch auf eine Antwort. Wenn Sie anderer Meinung sind, konzentrieren Sie sich auf die Bilder, die Ihnen durch den Sinn gehen. Ihr Partner wird auf die eine oder andere Weise darauf reagieren.

* Stehen Sie danach auf, schütteln Sie Arme und Beine aus und setzen Sie sich einander gegenüber. Nun ist Zeit für einen Gedankenaustausch über das Erlebte. In dieser Situation sollten Sie vorsichtig sein mit Beschlüssen, denn gute Vorsätze fassen wir alle viel zu häufig. Freuen Sie sich einfach daran, dass Ihre Gefühle und Gedanken zu diesem Thema möglicherweise gar nicht so weit auseinander liegen.

HEIKLE THEMEN

Die meisten Paare haben Themen, über die sie in regelmäßigen Abständen in Streit geraten. Es gibt Konfliktthemen in den verschiedensten Bereichen, z. B.: Leisten wir uns die teure Reise oder brauchen wir ein neues Auto? Müssen wir regelmäßig alle vier Wochen bei deinen Eltern essen oder sollten wir mehr Distanz zu ihnen halten? Auf welchen Grad von Ordnung im Haus können wir uns einigen und wer ist wofür zuständig? Wie lange dürfen die Kinder fernsehen/am Computer spielen? Etc.

Manche dieser Konflikte scheinen unlösbar (wenn z. B. einer von beiden ein Ordnungsfanatiker ist, der andere eher unordentlich), andere dagegen müssen gelöst werden, weil Entscheidungen davon abhängen. Wenn wir einander wegen eines bestimmten Streitpunkts häufig in die Haare geraten, dann neigen wir dazu, dieses Thema zu meiden. Dadurch wird unser Zusammenleben jedoch nicht friedlicher. Im Gegenteil: die ungelösten Konflikte schwelen im Untergrund und wir müssen aufpassen, dass sie nicht irgendwann einen Flächenbrand verursachen.

Dieses Experiment ermöglicht es Ihnen, sich einmal auf ganz andere Art an ein heikles Thema heranzutasten. Es ist für diejenigen gedacht, die gern kreativ schreiben.

- Nehmen Sie sich Papier und Schreibzeug und schreiben Sie gemeinsam einige Themen auf, die Sie als heikel empfinden. Sammeln Sie kommentarlos, was jedem von Ihnen einfällt.
- Jeder wählt sich nun ein Thema aus und schreibt auf ein neues Blatt einen erfundenen Dialog zwischen Ihnen beiden. Schreiben Sie den Dialog aus einer optimistischen Perspektive, so, wie Sie sich den Ablauf des Gesprächs mit Ihrem Partner wünschen würden. Überlegen Sie, welche Argumente der andere anführen könnte, damit nicht nur Ihre eigene Auffassung zu ihrem Recht kommt.
- Wenn Sie fertig sind, falten Sie Ihr Blatt zusammen.
- Wählen Sie jetzt gemeinsam ein heikles Thema und verfassen Sie – wieder schriftlich – zu zweit einen Dialog, in dem Sie zu einer Einigung kommen. Wechseln Sie sich beim Schreiben ab und beraten Sie, was jeder von Ihnen sagen könnte. Sinn dieses Experiments ist es, dass Ihr schriftlicher Dialog zu einer Einigung führt, auch wenn einer von Ihnen oder Sie beide innerlich (noch) nicht kompromissbereit sein sollten. Aber keine Angst: Dies soll kein Vertrag sein, den Sie danach einhalten müssen, eher ein Stück lebendige Literatur oder eine Übung im Aufeinanderzugehen.
- Lesen Sie Ihr gemeinsames Werk anschließend mit verteilten Rollen.
- Wenn Sie möchten, können Sie sich nun die Dialoge, die jeder von Ihnen zuvor einzeln geschrieben hat, gegenseitig vorlesen.

KONFLIKTE ENTSCHÄRFEN

Wenn wir ein Problem haben, über das wir schon häufiger in Streit geraten sind, kann uns die folgende einfache Struktur helfen, die von dem Soziologen Anatol Rappaport stammt:

- Verabreden Sie sich für eine Zeit, in der Sie die nötige Ruhe haben, um über das Thema zu sprechen.
- Setzen Sie sich dann einander gegenüber und legen Sie fest, um welches Problem es gehen und wer anfangen soll.
- Der Sprecher hat nun das Recht, so lange er möchte (oder für eine vorher gemeinsam festgelegte Zeit) seine Meinung und seine Gesichtspunkte darzustellen. Der andere hört zu, ohne zu kommentieren. Er kann nachfragen, wenn er etwas besser verstehen möchte, er soll jedoch auf jeden Versuch verzichten, seine eigene Meinung einzubringen oder die Darstellung des anderen zu korrigieren. Der Zuhörer sollte sich außerdem ein paar Notizen machen. Das gibt dem Sprecher zum einen das Gefühl, dass er ernst genommen wird, zum anderen fördert es die Konzentration des Zuhörers.
- Wenn der Sprecher geendet hat, gibt der Zuhörer wieder, was er verstanden hat. Der Sprecher korrigiert und ergänzt nötigenfalls so lange, bis er den Eindruck hat, dass seine Sicht der Dinge vollkommen verstanden wurde.
- Tauschen Sie nun die Rollen.

Es ist durchaus möglich, dass dieser Prozess Ihre Meinungsverschiedenheit nicht völlig ausräumt. Sie haben jetzt jedoch eine bessere Basis, um weiter miteinander zu verhandeln. Die Tatsache, dass wir uns die Zeit nehmen, einander zuzuhören, verändert das Klima. Wir fühlen uns besser verstanden, was die Grundlage ist für emotionale Verbundenheit. Und diese wiederum versetzt uns erst in die Lage, Kompromisse zu schließen und gemeinsame Lösungen zu finden.

Variante: Der rituelle Charakter des Gesprächs wird noch betont, wenn Sie vorher gemeinsam einen Gegenstand aussuchen, z. B. einen schönen Stein. Jeder legt zu Beginn des Gesprächs einige positive Erinnerungen an das gemeinsame Leben in den Stein, indem er ihn eine Weile in der Hand hält und dabei diese Erinnerungen laut ausspricht. Während des Gesprächs hält der jeweilige Sprecher den Stein und redet, solange er möchte.

TAUZIEHEN MIT UNSICHTBAREM SEIL

- Stellen Sie sich vor, Sie halten ein ziemlich dickes Seil in Händen, eines, wie man es zum Tauziehen verwendet. Spüren Sie die Beschaffenheit des Seils, seine raue Oberfläche, seinen Umfang, seine Griffigkeit.
- Die Partner stellen sich im Abstand von etwa einem Meter einander gegenüber. Beide fassen das imaginäre Seil fest mit beiden Händen. (Sehr wichtig ist, dass beide in ihrer Phantasie das Seil deutlich spüren.)
- Das Tauziehen beginnt. Konzentrieren Sie sich auf das Seil und auf das, was Ihr Partner tut. Ziehen Sie mit aller Kraft. Das Ziel ist, den Partner zu sich herüberzuziehen. Sie können dabei natürlich auch mit Tricks arbeiten. Wichtig ist, dass Sie alle Ihnen zur Verfügung stehende Energie einsetzen, um Ihr Ziel zu erreichen.
- Wenn einer von beiden «gesiegt» hat, sollten Sie erhitzt und außer Atem sein wie nach einer starken körperlichen Anstrengung.
- Tauschen Sie sich über Ihre Gefühle aus.

AUS KLAGEN WERDEN BITTEN

❊ Setzen Sie sich einander gegenüber.

❊ Nehmen Sie nun Papier und Schreibzeug und machen Sie – jeder für sich – eine Liste mit all den Vorwürfen und Klagen, die Ihnen Ihrem Partner gegenüber einfallen. Dieser Text ist nur für Sie selbst bestimmt. Sie brauchen also nicht zu fürchten, Ihren Partner mit irgendeiner Formulierung zu verletzen.

❊ Schließen Sie nun die Augen und gönnen Sie sich ein paar entspannende Atemzüge ...

❊ Nehmen Sie ein neues Blatt und formulieren Sie jetzt jede Klage und jeden Vorwurf in eine Bitte um. Drücken Sie Ihre Bitten so aus, dass der Adressat Ihr Interesse und Ihre Gefühle verstehen kann. Wenn also einer Ihrer Vorwürfe lautet: «Wenn du mit mir ausgehst, nimmst du dir niemals die Zeit, dir etwas Besonderes anzuziehen», dann sagen Sie nicht einfach: «Bitte zieh dir was Nettes an, wenn du mit mir ausgehst», sondern z. B.: «Wenn wir zusammen ausgehen, möchte ich das Gefühl haben, dass das etwas Besonderes ist. Deshalb würde ich mich freuen, wenn du dich zu solchen Anlässen etwas chic machtest.»

❊ Wenn die Liste der Bitten vollständig ist, überreichen Sie sie Ihrem Partner.

❊ Schreiben Sie sich in den folgenden Tagen einen kleinen Antwortbrief. Auf welche Bitten möchten Sie eingehen?

UNSERE WAHREN MOTIVE

Wenn uns unsere eigenen Motive unklar sind, ist unsere Kommunikation gestört: Wir machen Vorwürfe, wenn wir Angst haben, wir weinen, wenn wir zornig sind, wir stellen Fragen, wenn wir eine klare Aussage machen sollten, wir machen verletzende Bemerkungen, statt zu zeigen, dass wir selbst verletzt oder wütend sind. Unsere spontanen Reaktionen sind dann nicht immer die besten. Statt impulsiv zu reagieren, sollten wir uns daher in bestimmten Situationen zurückhalten und uns fragen:

- Was ist mit mir los?
- Was empfinde ich wirklich?
- Sage ich, was ich will?
- Habe ich mich auf etwas eingelassen, was ich in Wirklichkeit gar nicht will?
- Reagiere ich so, weil ich mich unzulänglich fühle?
- Wie könnte ich ehrlicher sein?
- Wie könnte ich mich in dieser Situation flexibler verhalten?

Wenn Sie als Paar schon eine gewisse Übung darin haben, einander zuzuhören und sich gegenseitig auf dem Weg der Selbsterkenntnis zu unterstützen, können Sie sich einige existentielle Fragen stellen.

❋ Setzen Sie sich einander gegenüber und schauen Sie sich an.

❋ Einer von Ihnen beginnt, indem er dem anderen eine der unten aufgeführten Fragen stellt und zwar drei Mal hintereinander im Abstand von einigen Minuten. Lassen Sie dem Befragten jedes Mal genügend Zeit sich auszusprechen, ehe Sie die Frage erneut stellen. Die Wiederholung der Frage soll den anderen ermutigen, tiefer in sein Bewusstsein einzutauchen.
Wenn ihm eine Frage ein zweites oder drittes Mal gestellt wird, braucht der Befragte genügend Zeit und Muße, um nachdenken und eine Stufe tiefer gehen zu können. Das Ganze soll deshalb

in großer Ruhe und mit genügend Pausen zum Denken und Meditieren vor sich gehen.

- Rollenwechsel
- Nun wird die nächste Frage in gleicher Form gestellt.
  Stellen Sie so viele Fragen, wie Sie mögen. Manchmal genügt schon eine einzige Frage, um einen Abend zu füllen.

Existentielle Fragen:

- Wie geht es dir?
- Welches sind deine tiefen Gefühle?
- Welche Wünsche erlaubst du dir nicht?
- Gibt es etwas, was du mir zu Gefallen tust, ohne es selbst wirklich zu wollen?

WO ICH VERLETZLICH BIN

Siegfried hatte seinen ganzen Körper mit Drachenblut unverwundbar gemacht. Nur eine Stelle am Rücken zwischen seinen Schultern war verletzlich geblieben. Dort hatte ein Lindenblatt gelegen. Auch Achill, Halbgott der griechischen Mythologie, hatte eine einzige versteckte Stelle, an der er verletzbar war – seine Ferse.

Jeder von uns hat sicher viel mehr empfindliche Stellen als Siegfried oder Achill. Was die Sagen uns erzählen, ist dennoch interessant: Bei beiden, Siegfried und Achill, waren diese verletzlichen Stellen für Uneingeweihte nicht erkennbar. Da auch wir normalen Sterblichen, aus Angst vor Verletzung oder aus Scham, dazu neigen, unsere empfindlichen Stellen vor anderen zu verbergen, können wir nicht davon ausgehen, dass die Menschen, denen wir begegnen, unsere Empfindlichkeiten erkennen und uns an diesen Stellen schonen. Das gilt auch für diejenigen, die uns sehr nahestehen.

Verletzliche Stellen können wie verborgene Tretminen sein. Wir rühren daran und lösen eine Explosion aus. Die Explosion hat oft eine solche Gewalt, dass es uns unmöglich ist, sie mit dem in Verbindung zu bringen, was wir zuvor getan oder gesagt haben. Denn das war doch, so meinen wir, eine harmlose Bemerkung, vielleicht unter Stress geäußert, aber nicht ernst gemeint. Auch die verletzte Person weiß nicht immer, weshalb sie so heftig reagiert. Häufig kommt es dann zu einer Eskalation.

Was können wir als Paar tun, damit es seltener zu Konfliktsituationen dieser Art kommt? Der erste Schritt ist, dass wir uns unserer empfindlichen Stellen bewusst werden. Das ist nicht immer einfach, denn nicht alle unsere Verletzlichkeiten sind leicht erklärbar. Wenn wir auch unseren tief liegenden, empfindlichen Punkten ihre Brisanz nehmen wollen, so ist das nur möglich, indem wir mit ihnen offen und nicht defensiv umgehen. Nur so können wir es erreichen, verstanden zu werden.

- Einige Minuten der Entspannung zu Beginn können den Einstieg in diese Übung erleichtern.
- Setzen Sie sich dann einander gegenüber. Schließen Sie noch einmal die Augen und konzentrieren Sie sich auf folgenden Gedanken: Wann und wodurch fühle ich mich besonders verletzbar?

  Jeder spricht, solange er mag, mit Pausen und Ausflügen in die Vergangenheit.

  Der Zuhörer verzichtet auf Kommentare. Er kann und soll jedoch nachfragen, wenn er etwas nicht versteht.
- Wechseln Sie sich zwei bis drei Mal ab. Das wird es Ihnen beiden leichter machen, sich so ungeschützt zu zeigen.
- Zum Abschluss können Sie sich gegenseitig einen kurzen Brief schreiben. Danken Sie Ihrem Partner für seine Offenheit und deuten Sie an, dass Sie seine Verletzlichkeit verstanden haben.

WAS ICH AN DIR NICHT ÄNDERN KANN

Zu einem einigermaßen harmonischen Zusammenleben zu finden, ist eine Kunst, die teilweise darin besteht, dass wir darauf verzichten, bestimmte Züge an unserem Partner ändern zu wollen. Menschen, die sich ihrem Wesen nach relativ ähnlich sind, haben vielleicht weniger Stolpersteine auf diesem Weg zu überwinden. Alle anderen können sich jedoch damit trösten, dass es in jeder Zweierbeziehung Zeiten gibt, in denen wir unsere Differenzen stärker wahrnehmen als das, was uns verbindet. Oft sind es die kleinen Dinge, die uns gegeneinander aufbringen: Er kann nur bei offenem Fenster schlafen, sie friert nachts leicht; er blättert die Zeitung durch und lässt sie dann verstreut auf dem Fußboden liegen, sie vergisst während seiner Abwesenheit die Blumen zu gießen; sie verbringt vorm Ausgehen «eine Ewigkeit» vor dem Spiegel und ist immer noch unzufrieden mit ihrem Outfit; er telefoniert «stundenlang» mit einem Freund, statt sich auf den gemeinsamen Abend vorzubereiten. Man könnte diese Liste endlos fortsetzen.

In den meisten Paar-Ratgebern findet sich der gute Tipp: «Versuchen Sie nicht, Ihren Partner zu ändern», oder: «Akzeptieren Sie Ihren Partner/Ihre Partnerin so, wie er/sie ist.» Das ist jedoch oft leichter gesagt als getan. Hier ist es, denken wir, wichtig zu differenzieren: Wenn jemand es sich als Single angewöhnt hat, seine Kleidungsstücke überall herumliegen zu lassen, so ist es nicht zu viel verlangt, dass er/sie sich bemüht, mit Rücksicht auf einen ordnungsbewussten Partner in diesem Punkt disziplinierter zu sein. Da Ordnung aber, wie viele andere Dinge, eine Frage des persönlichen Gefühls ist, erweist es sich oft als unmöglich, allgemeingültige Richtlinien festzulegen. Wenn wir uns in unserer Ordnungsliebe stark unterscheiden, kann es deshalb hilfreich sein, Bereiche abzustecken – wie z. B. das eigene Arbeitszimmer – wo er oder sie ruhig Chaos verbreiten darf. Auch die beiden mit den unterschiedlichen Frischluftbedürfnissen müssen sich irgendwie einigen, wenn sie nicht in getrennten Zimmern schlafen möchten. So könnte er näher am Fenster schlafen, sie eine wärmere Decke nehmen. Schwieriger wird es bei Fragen des Temperaments («Du unterbrichst mich *ständig*, wenn wir mit Freunden sprechen», «Warum sagst du *nie* ein Wort, wenn wir bei meinen Eltern sind?», «Du fährst zu schnell. Ich habe Angst.») oder bei unseren persönlichen Neigungen («*Niemals* gehst du mit mir tanzen», «*Immer* musst du die Sportschau sehen!», «Du telefonierst jetzt seit zwei Stunden!», «Musst du das ganze Wochenende arbeiten?»). Die Übertreibungen und Verallgemeinerungen in diesen Aussagen deuten schon darauf hin, dass wir unser Ziel, der andere möge sich ändern, kaum erreichen werden.

Wenn wir mit unserem Partner lange zusammenleben, erkennen wir intuitiv im Laufe der Zeit, in welchen Punkten er/sie sich nicht ändern kann, weil das Verhalten, das uns vielleicht stört, in seinem Wesen liegt. Dann ist es sehr unproduktiv, wenn wir den anderen ständig wegen dieses Verhaltens kritisieren. Es ist eine Frage der Sensibilität und der persönlichen Weisheit, unterscheiden zu lernen zwischen den Dingen, die der andere uns zu Gefallen anders machen kann und den Dingen, die ein Teil von ihm sind.

Wir können dieses Experiment nutzen, um uns in buddhistischer Bescheidenheit zu üben.

- Setzen Sie sich zusammen. Jeder nimmt sich Schreibzeug und Papier.
- Schreiben Sie Ihrem Partner nun einen Brief mit dem Thema: «Was ich an dir nicht ändern kann.» Hier dürfen Sie alle Ihre Frustrationen hineinschreiben. Arbeiten Sie ruhig mit etwas humoristischer Übertreibung, indem Sie auch Dinge erwähnen, die – eventuell – durchaus veränderbar wären. Wenn Sie Ihre Sätze mit den Worten beginnen: «Ich kann nicht ändern, dass du ...» liegen Sie immer richtig, denn nicht Sie, sondern nur der andere kann schließlich sein Verhalten ändern. Einzige Regel ist: Seien Sie nicht böse und verletzend, sondern sprechen Sie ganz aus Ihrer eigenen Perspektive.
- Der Brief soll mit einem Satz enden, der Ihrem Partner in ein

paar liebevollen Worten sagt, in welchen Punkten Sie ihn gar nicht ändern wollen.

- Lesen Sie einander Ihre Briefe vor.
- Tauschen Sie sich darüber aus. Hier zeigen sich manchmal überraschende Ansätze zur Veränderung.

VERGEBUNG ÜBEN

Es gibt wahrscheinlich kein Paar, das sich im Laufe seines Zusammenlebens nicht viele Male verletzt – aus Ungeschicklichkeit, Unwissen oder absichtlich, weil wir den anderen in unserem Sinne beeinflussen möchten oder um uns für etwas zu rächen. Wenn es uns nicht gelingt, einander diese «Missetaten» zu verzeihen, laufen wir Gefahr, mit der Zeit eine Menge Groll anzuhäufen. Und je mehr wir davon im Verborgenen mit uns herumtragen, umso größer ist die Gefahr, dass auch kleine Anlässe zum großen Streit führen. Und schon kommt es zu neuen Verletzungen, neuen Narben.

In Zeiten, in denen wir uns gut verstehen, scheinen die alten Wunden vergessen. Es gibt jedoch auch immer wieder Momente, da melden sich unsere Schmerzen mit alter Schärfe wieder. Der Anlass kann ein neuer Streit und eine neue Verletzung sein. Oft ist es aber auch so, dass wir selbst uns unsicher und in schlechter Verfassung fühlen. Plötzlich steigen dann schwarze Gedanken in uns auf, Erinnerungen an Worte oder Taten des anderen, die wir als lieblos, verletzend, abwertend oder beleidigend empfunden haben. So kommt es, dass alter Groll nicht nur unsere Beziehung, sondern auch und vor allem uns selbst belastet. Er raubt uns Schwung und Lebensfreude. Deshalb ist es lohnend zu überprüfen, welche Teile unseres Grollpakets wir noch benötigen und welche wir über Bord werfen können.

Wenn wir uns ernsthaft von unserem Groll trennen wollen, müssen wir demjenigen vergeben, der uns verletzt, beleidigt oder missachtet hat. Das erscheint uns vielleicht als hoher Preis, denn wir wissen ja nicht, ob unser Partner sein Vergehen bereut bzw. ob er uns in Zukunft nicht wieder verletzen wird. Das ist ein Risiko, das wir eingehen müssen, wenn wir uns befreien wollen. Der folgende Gedanke kann uns diesen Schritt erleichtern: Auch wir selbst haben unserem Partner mit Sicherheit in vielen Situationen Verletzungen zugefügt, für die wir noch nicht um Verzeihung gebeten haben.

Dieses Experiment ist eine Übung im Vergeben. Sie hilft uns außerdem, uns unserer eigenen Verletzlichkeit stärker bewusst zu werden. Das verleiht uns eine ungeahnte Kraft.

- Setzen Sie sich einander an einem Tisch gegenüber und nehmen Sie sich Papier und Schreibzeug.
- Unterteilen Sie nun – jeder für sich – ein Blatt in zwei Hälften. Schreiben Sie in die linke Hälfte drei Verletzungen, die Ihr Partner Ihnen im Laufe der Zeit zugefügt hat, in die rechte Hälfte drei Verletzungen, die Sie ihm zugefügt haben.
- Derjenige von Ihnen, der beginnen möchte, nennt dem anderen nun eine Verletzung, die er ihm zugefügt hat, und bittet ihn dafür um Vergebung. Das soll ganz formal mit den Worten «Bitte verzeih mir, dass ich ...» geschehen. Der Angesprochene soll ebenso rituell mit den Worten «Ich verzeihe dir» antworten. Das soll er auch dann tun, wenn er es in diesem Moment noch nicht so empfinden kann.
- Nun ist der andere an der Reihe, für eine Verletzung um Verzeihung zu bitten.
- Wenn alle Punkte von der rechten Seite Ihrer Blätter genannt wurden und sie sich gegenseitig Absolution erteilt haben, können Sie zu den eigenen Verletzungen (auf der linken Seite des Blattes) übergehen. Derjenige, der beginnt, nennt eine Verletzung und spricht dem anderen anschließend seinen Willen aus, ihm zu vergeben, indem er sagt: «Ich verzeihe dir, dass du ...»
- Gedankenaustausch.

MACHT UND GELD

Liebe ist ein Spiel, bei dem verloren
hat, wer seinen Partner besiegt.
Krishnamurti

Die japanische Kampfkunst Aikido beruht auf dem Grundgedanken, dass wir stärker sind, wenn wir unsere Macht mit anderen teilen. Auf die Beziehung zwischen mir und meinem Partner übertragen, heißt das: Wenn jeder von uns sich vom anderen beeinflussen lässt, verlieren wir keine Energie, da wir uns gegenseitig keine Steine in den Weg legen müssen.

Zwei Menschen, die miteinander glücklich sind, haben in der Regel das Gefühl, dass Macht und Einfluss zwischen ihnen gerecht verteilt sind. Wenn dagegen einer von beiden das Empfinden hat, sehr häufig nachzugeben oder übergangen zu werden, kommt es unweigerlich zu Problemen. Oft wird der «Schwächere» sich dann auf passiv-aggressive Weise rächen, indem er den anderen ständig kritisiert oder dessen Entscheidungen boykottiert. Eine solche Situation können wir nur vermeiden, indem wir die Macht teilen, gegenseitig unsere Bedürfnisse wahrnehmen und zu Kompromissen bereit sind.

Kompromisse erfordern, dass einer der Beteiligten in einem bestimmten Punkt seine Position teilweise, manchmal sogar vollständig aufgibt. Ein solches «Nachgeben» hat nichts mit Schwäche zu tun. Es ist notwendig, wenn zwei Personen Entscheidungen treffen, die sie beide angehen. Nicht immer ist es allerdings leicht, einen Kompromiss zu finden, mit dem beide gut leben können.

Geld und Macht bilden in unserer Gesellschaft eine unheilige Allianz, die auch vor der Familie nicht haltmacht. Kein Wunder, dass es bei ehelichen Auseinandersetzungen häufig ums Geld geht. Deshalb widmen wir dem Thema hier ein eigenes Kapitel. Sie finden darin eine Reihe von Experimenten, die Ihnen helfen, Ihrer Einstellung zum Geld auf den Grund zu gehen und die Scheu vor offenen Verhandlungen abzulegen.

Dass «Machtkämpfe» in Beziehungen oftmals einen handfesten finanziellen Hintergrund haben, darauf weist z.B. die amerikanische Paartherapeutin Betty Carter hin. «Wer das Geld hat, bestimmt die Regeln», meint sie, und: «Die meisten Familientherapeuten, auch ich selbst, haben gelernt, sich auf die Art und Weise zu konzentrieren, in der ein Paar streitet, und über den Inhalt der Auseinandersetzung hinwegzusehen. Dementsprechend tun wir die Tatsache, dass über Geld gestritten wird, als nebensächliches Detail ab oder interpretieren sie symbolisch auf der Ebene der Gefühle, so als wolle ein Partner damit ausdrücken, dass er oder sie nicht genug Liebe bekommt. Kein Therapeut hat jemals in der Ausbildung gehört, er solle fragen, wie viel jeder Partner verdient, wer das Geld verwaltet oder welche Auswirkung die unterschiedlichen Einnahmen auf die Entscheidungen des Paares haben.»[27]

Die meisten jungen Paare tun sich zusammen, während beide in der Ausbildung sind oder ihr eigenes Geld verdienen. Wenn das Einkommen der beiden etwa gleich hoch ist, sehen es nur wenige als notwendig an, über finanzielle Dinge zu sprechen. Man teilt sich vielleicht die Miete oder derjenige, der keine Miete zahlt, übernimmt andere Kosten. Das ist leicht zu rechnen. In dieser Phase teilen sich die meisten auch noch selbstverständlich die Haushaltspflichten. Die Arbeitsteilung funktioniert fast immer gut, solange das Paar mit sich allein ist. Oft beginnen jedoch die Probleme, wenn ein Kind geboren wird. Dann rutscht die Mutter leicht in die traditionelle Rolle der Hausfrau, mit der viele Frauen heute auf Dauer unzufrieden sind. Sie haben das Gefühl, dass der berufstätige Mann die besseren Karten hat, und empfinden das als ungerecht.

Die Gründe dafür, dass viele Frauen nach der Geburt des ersten Kindes ihren Beruf für kürzere oder längere Zeit aufgeben, sind komplex: Vielfach hat die Frau den schlechter bezahlten Job. Nach den Anstrengungen von Schwangerschaft und Geburt hat sie vielleicht den Wunsch, die Mutterrolle eine Zeit lang in Ruhe zu genießen. Dazu kommt bei den meisten Frauen eine enge Bindung an das Kind und ein tief sitzendes Gefühl der Verantwortung für sein Gedeihen, oft gekoppelt mit der Überzeugung, dafür auch am besten geeignet zu sein. Darin wird die Frau von ihrer Umgebung meist kräftig bestärkt: Du kannst doch die Kleine nicht jetzt schon in fremde Hände geben! Willst du den Stress auf dich nehmen, sie täglich so früh in die Krippe fahren zu müssen?! Was ist, wenn das Baby krank wird? Und schließlich ist der Mann ja berufstätig und kann Mutter und Kind finanziell absichern. – Gegen diese und viele andere Anfechtungen muss sich eine Frau innerlich und äußerlich wappnen, wenn sie entschlossen ist, bald nach der Geburt eines Kindes ihren Job wieder aufzunehmen.

Die Verbindung zwischen Mutter und Kind ist sicherlich etwas Besonderes, und in den ersten Monaten ist die Mutter zweifellos in den meisten Fällen der wichtigste Elternteil. Die körperliche Intimität zwischen ihr und dem Kind kann und soll nicht gering geschätzt werden. Oft werden aus dieser biologischen Realität jedoch falsche Schlüsse gezogen. Wir übersehen, dass das Erlebnis von Intimität mit dem Baby und das Bedürfnis, es zu beschützen, zum großen Teil daraus resultieren, dass die Mutter sich oft fast als Einzige um das Kind kümmert. Mit anderen Worten: Ein Teil der Verbindung zwischen Mutter und Kind entsteht erst dadurch, dass die Mutter sich so viel mit dem Baby beschäftigt. Und Tatsache ist, dass auch Väter «Mutterinstinkte» entwickeln können. Das haben systematische Beobachtungen von Familien ergeben, in denen der Vater aus verschiedenen Gründen vom Tag der Geburt des Kindes an dessen Hauptbezugsperson war.

Familie und berufliche Laufbahn unter einen Hut zu bringen, wird Frauen – und Männern, die echten Anteil an der Entwicklung und Erziehung ihrer Kinder nehmen wollen – nicht leicht gemacht. «Der Arbeitsmarkt», so formuliert es Ulrich Beck, «ist auf das nichtfamilienbehinderte Individuum zugeschnitten.»[28]

Die neue Gesetzgebung, die auch Vätern Erziehungszeiten gewährt, ist ein Schritt in die richtige Richtung. Es wird jedoch viel Zeit brauchen, bis diese Veränderungen in der Gesellschaft und in uns allen tatsächlich greifen. Meistens sind es daher immer noch die Frauen, die ganz selbstverständlich beruflich zurückstecken und ihre Unzufriedenheit, ob bewusst oder unbewusst, an den Männern auslassen. «Den meisten Paaren ist nicht ausreichend bewusst», so der Schweizer Familientherapeut Jürg Willi, «inwiefern sie in mancher Hinsicht Opfer von unvereinbaren gesellschaftlichen Bedingungen sind. Für die Frau, für welche die ganze Situation schwieriger ist als für den Mann, liegt es nahe, ihre Wut am Mann auszulassen, weil er ja scheinbar der Hauptprofiteur ihrer Familienarbeit ist. Der Mann fühlt sich schuldbewusst, obwohl er im Grunde persönlich wenig für die auf Arbeitsteilung hin konstruierte Gesellschaft kann. Seine Möglichkeiten zur Selbstbestimmung sind oft beschränkt und tragen ihm, wie immer er sich entscheidet, Vorwürfe seiner Frau ein. Ist er beruflich erfolgreich, so zieht er ihren Neid auf sich, da sie gemäß Neigung und Eignung ja ebenso geeignet für die Karriere gewesen wäre. Macht der Mann keine Karriere, so ist seine Frau oft wütend, weil ihr Verzicht auf berufliche Entfaltung sich nicht einmal gelohnt hat ... Die unbereinigten gesellschaftlichen Bedingungen tragen heute praktisch in jedes Elternpaar tiefe Krisen hinein, die nicht immer bewältigt werden können.»[29]

Lösungen für dieses Dilemma, meint Betty Carter, müssten das Persönliche mit dem Sozialen und Politischen verbinden: «Mütter wie Väter müssen heute beruflich zurückstecken und ihre Karriereziele überdenken; sie müssen bereit sein, etwas Geld und Ruhm für ein erfülltes Familienleben zu opfern. Und diese Mütter und Väter müssen Druck ausüben, damit man ihnen am Arbeitsplatz entgegenkommt!»[30]

Diese Worte klingen angesichts der Situation auf dem Arbeitsmarkt kühn. Wir wollen auch nicht behaupten, dass es im Leben in erster Linie darum ginge, einer bezahlten Arbeit nachzugehen. Kindern ein stabiles Zuhause zu schaffen, ist ein hoher Wert. Daneben gibt es ehrenamtliche soziale oder auch künstlerische Tätigkeiten, die befriedigender sein können als mancher Job mit monatlichem Salär und ebenso schätzenswert.

Wenn es für die Frau nicht das Aus im Beruf oder für Tätigkeiten bedeutet, an denen ihr Herz hängt, kann eine längere Pause vom Job völlig in Ordnung sein. Oft haben die Frauen allerdings nach drei oder mehr Jahren das Gefühl, beruflich den Anschluss verloren zu haben. Und spätestens wenn die Beziehung nicht gut läuft – und das ist heute bei fast einem Drittel aller Ehen der Fall – sind die Folgen der finanziellen Abhängigkeit für beide Seiten sehr unangenehm.

Da das Thema eine solche Brisanz besitzt, empfehlen wir allen Paaren dringend, über «Macht und Geld» nachzudenken.

REGELN FÜR UNSERE BEZIEHUNG

Ein junges Paar erwartet Zwillinge. Es entschließt sich dazu, dass die Frau weiterarbeiten und der Mann zu Hause bleiben wird, um die Kinder zu versorgen. Sie hat den besser bezahlten Job. Außerdem macht ihr die Arbeit sehr viel mehr Spaß, und eine Unterbrechung zu diesem Zeitpunkt würde ihrer Karriere schaden. Die beiden sind sich nicht sicher, wie er sich als «Hausmann» fühlen wird, und in ihren Familien wie im Freundeskreis überwiegen die skeptischen Stimmen. Nach der Geburt der Kinder stellt es sich dann heraus, dass er mit seiner Rolle sehr gut zurechtkommt. Die Kleinen gedeihen prächtig, und er genießt die Zeit zu Hause. Als die Zwillinge dann in den Kindergarten gehen, steigt er ohne größere Probleme wieder in seinen Beruf ein.

Vermutlich wird nicht jeder «Rollentausch» so glatt vonstatten gehen. Auch «Hausmänner» machen manchmal harte Zeiten durch (Mütter kennen solche Phasen gut), wenn die Kinder krank sind oder man einfach das Gefühl hat, alles wachse einem über den Kopf. Die Quintessenz dieser Geschichte ist nicht, dass Männer die besseren Mütter wären, sondern dass die Regeln, nach denen wir mit unserem Partner leben, von uns selbst bestimmt werden. Ganz egal, wer von beiden was tut, es kommt im Wesentlichen darauf an, ob wir jeder für sich und gemeinsam als Paar damit zufrieden sind.

Wir müssen uns allerdings darüber klar sein, dass das Finden individueller Regeln, so einfach es klingt, seine Tücken hat. Der Grund ist, dass wir alle eine Menge Regeln für Beziehungen mit uns herumtragen, als Paket verschnürt und nicht leicht zu entwirren. Sie stammen aus der Gesellschaft und aus unseren Herkunftsfamilien, vermischt mit den Dingen, die wir im Laufe der Jahre erleben, lesen oder die uns durch Fernsehen und Kino vermittelt werden. Das Konglomerat an Regeln, das wir im Laufe unseres Lebens verinnerlicht haben, ist uns zum großen Teil unbewusst.

Daher kann es durch neue eigene Erkenntnisse nicht ohne weiteres außer Kraft gesetzt werden. Wenn wir die alten Regeln gegen unsere eigenen austauschen wollen, so müssen wir uns die alten Regeln zunächst bewusst machen.

Diese unbewussten Regeln sagen z. B. etwas darüber

- wie viel Zeit ein Paar/eine Familie miteinander verbringen sollte,
- wie viel Zeit jeder seinen eigenen Interessen nachgehen darf,
- wie und mit wem die Freizeit verbracht wird,
- wer hauptsächlich für das Wohl der Kinder verantwortlich ist,
- wer hauptsächlich für das Einkommen der Familie verantwortlich ist,
- welche Rolle Erotik und Sexualität spielen sollen,
- wie offen über Geld gesprochen wird,
- wieweit die Themen des Einzelnen (z. B. Probleme im Job) gemeinsam besprochen werden,
- wie offen Gefühle gezeigt werden,
- wie wir miteinander umgehen (liebevoll, zärtlich, eher distanziert),
- ob offen gestritten werden darf,
- ob auch negative Gefühle wie Ärger, Zorn etc. offen gezeigt werden dürfen.

Und sie sagen uns noch Vieles mehr.

❊ Setzen Sie sich zusammen und nehmen Sie sich ein paar Minuten Zeit, um jeder für sich darüber nachzudenken, welche Regeln er selbst für das Zusammenleben für wichtig hält.

❊ Schreiben Sie nun die drei Regeln auf, die für Sie am wichtigsten sind.

❊ Nehmen Sie sich nun wiederum fünf Minuten Zeit zum Nachdenken. Welches waren die wichtigsten Regeln in Ihrer Kindheitsfamilie, in den Familien Ihrer Eltern, bei den Großeltern, soweit Sie etwas darüber wissen?

❊ Erläutern Sie sich nun gegenseitig die Regeln, die für jeden von Ihnen am wichtigsten sind (siehe Punkt 2).

- Beschließen Sie gemeinsam, welches die wichtigsten Regeln für Ihr Zusammenleben sein sollen.
- Denken Sie auch über die heikle Frage nach, was Sie tun wollen, wenn eine Regel gebrochen wird.
- Zum Schluss können Sie sich darüber austauschen, welche Regeln in Ihren Kindheitsfamilien galten.

DIE WAAGE

In vielen Lebenssituationen ist es nicht leicht, Kompromisse zu finden. Wenn einer von uns das Gefühl hat, sehr viel häufiger nachzugeben als der andere, kommt es früher oder später zu Problemen.

Gesetzt den Fall, Sie müssen entscheiden, ob Sie im Interesse der Karriere eines Partners den Wohnort wechseln, dann gibt es nur ein Entweder-oder und es kommt sehr darauf an, wie Sie die Entscheidung gemeinsam verhandeln. Derjenige, der den Hauptvorteil hat, muss dem anderen Zeit lassen, die Konsequenzen, die der Umzug für ihn nach sich zieht, in Ruhe auszuloten. In diesen Fällen ist es wichtig, dass beide sich darüber einig sind, welches ihre langfristigen gemeinsamen Ziele sind. Sie müssen sich also u. a. die folgenden Fragen stellen:

- Wie möchten wir beide auf lange Sicht unser gemeinsames Leben gestalten?
- Wie können wir unsere beruflichen Ziele vereinbaren?
- Welchen Lebensstandard streben wir an? Ist es uns vorrangig wichtig, dass wir ein hohes Einkommen haben oder liegen unsere Prioritäten woanders? (Befriedigung durch die Arbeit, angenehmes Lebensumfeld, fester Freundeskreis etc.)
- Ist es uns wichtig, irgendwann an einem bestimmten Ort «Wurzeln zu schlagen»? (In der heutigen Zeit ein schwieriges Ziel.

Viele, auch gut Ausgebildete, sind Arbeitsnomaden. Sie können sich ihren Wohnort nicht frei aussuchen. Das hat tief reichende Folgen für die Familien.)

- Wie und wo sollen unsere Kinder aufwachsen?

Das folgende Experiment kann Ihnen helfen, sich im wörtlichen Sinne ein Bild davon zu machen, wie Sie die Machtverteilung zwischen sich einschätzen.

❊ Setzen Sie sich zusammen. Jeder legt ein DIN-A4-Blatt quer vor sich hin und zeichnet darauf die Umrisse einer altmodischen Waage mit zwei Waagschalen. Schreiben Sie unter eine Schale «Ich», unter die andere «Du». Zeichnen Sie den Winkel der Waage so, wie Sie das Machtverhältnis zwischen sich empfinden.

❊ Schreiben oder skizzieren Sie nun um die jeweilige Waagschale herum die Bereiche und Themen, in denen einer von Ihnen oder auch Sie beide das Sagen haben.

❊ Vergleichen Sie Ihre Darstellungen. Haben Sie beide eine ähnliche Sicht der Dinge? Gibt es starke Abweichungen?

Variante: Sie können diese Technik auch verwenden, um sich über eine einzelne Entscheidung klar zu werden, die Sie demnächst fällen müssen.

❊ Legen Sie das Blatt diesmal senkrecht vor sich hin und notieren Sie als Überschrift die Entscheidung, um die es geht. Schreiben Sie dann (jeder für sich) die Argumente für und wider in zwei Kolonnen in die rechte und die linke Hälfte des Blattes.

❊ Wenn Sie alle Argumente gesammelt haben, denken Sie eine Minute darüber nach, welches Gesamtbild sich für Sie ergibt und zeichnen Sie dann darunter das Bild der Waage mit den beiden Waagschalen. Die Schale, über der Sie die «gewichtigeren» Punkte notiert haben, steht dementsprechend weiter unten. Das muss nicht unbedingt die Seite sein, für die Sie die meisten

Argumente gefunden haben. Ausschlaggebend ist das Gewicht, das die einzelnen Punkte für Sie ganz persönlich haben.
- Vergleichen Sie Ihre beiden Darstellungen. Sprechen Sie über die Argumente, die jeder von Ihnen zusammengetragen hat.
- Tauschen Sie sich zum Schluss über die Motive aus, die zu Ihrem Gesamtbild geführt haben.

Dies ist kein «objektives» Verfahren, um zu einer Entscheidung zu kommen. Es kann uns aber helfen, uns über unsere Gedanken und Motive klar zu werden, und ist damit eine gute Vorbereitung für einen fairen Kompromiss.

UNSER ERBE 1

Dieses Experiment hilft uns zu verstehen, welches Verhältnis unsere Eltern zum Geld hatten und wie sich dies eventuell noch heute auf unser Leben und auf unsere Beziehungen auswirkt. Wenn wir häufig mit unserem Partner über Geld streiten, so kann es sein, dass Erfahrungen aus unserer Kindheit dahinterstehen.

- Nehmen Sie sich jeder Papier und Schreibzeug und machen Sie sich ein paar Notizen zu folgenden Fragen:
  - Wie sind meine Eltern mit Geld umgegangen? Haben sie z. B. offen darüber verhandelt oder wurde daraus ein Geheimnis gemacht?
  - Bin ich in dem Gefühl groß geworden, dass das Geld knapp war oder dass es reichlich davon gab?
  - Haben sich meine Eltern oft über Geld gestritten?
  - Hatte ich oft das Gefühl, Vater oder Mutter würden sich des Geldes wegen Sorgen machen oder ängstlich damit umgehen?

- War ich als Kind besorgt oder ängstlich in Bezug auf Geld?
- Wie sprach man in meiner Familie vom Geld?

* Lesen Sie sich nun gegenseitig abwechselnd vor, was Sie zu den einzelnen Punkten aufgeschrieben haben.
* Bemühen Sie sich, als Zuhörer nicht nur den sachlichen Inhalt dessen zu erfassen, was Ihr Partner Ihnen vorliest, sondern achten Sie auch auf seinen Ton und die Gefühlslage, in der er spricht.

Das Thema ist für viele von uns beunruhigend. Wenn wir uns an unsere Kindheit erinnern und an die Art, wie in unserer Familie mit Geld umgegangen wurde, werden oft schmerzliche Erinnerungen wach. Hören Sie einander deshalb sehr aufmerksam zu und seien Sie zurückhaltend mit Kommentaren. Ein solcher Austausch kann Ihr gegenseitiges Verständnis und Ihr Vertrauen wesentlich festigen.

UNSER ERBE 2

Dieses Experiment geht noch eine Generation weiter zurück und es ist noch ausführlicher. Wir forschen weiter nach den Ursprüngen unserer Einstellung zum Geld. Nicht nur unsere Eltern sind es, die uns beeinflusst haben, sondern auch unsere Großeltern, unsere Geschwister und andere Personen, die in der Kindheit für uns von Bedeutung waren.

Da die meisten Paare einen sehr unterschiedlichen familiären Hintergrund haben, kommt es, besonders wenn das Geld einmal knapp ist, leicht zu Konflikten. Es kann daher sehr hilfreich sein, wenn wir untersuchen, wie unsere Haltung gegenüber Geld durch unsere Vergangenheit geprägt wurde. Dann können wir uns leichter davon distanzieren und versuchen, finanzielle Lösungen zu finden, die auf unsere aktuellen Wünsche und Bedürfnisse ausgerichtet sind und weniger auf alte Ideale. Oft macht das eine gemeinsame finanzielle Planung erst möglich.

- ✻ Zeichnen Sie jeder auf einem Blatt einen Kasten für jeden wichtigen Verwandten. Wenn es jemanden außerhalb Ihrer Familie gegeben hat, dessen Einstellung zum Geld Sie als Kind irgendwie beeindruckt hat, dann zeichnen Sie auch für diese Person einen Kasten.
- ✻ Notieren Sie nun in jedem Kasten, was die Einstellung der jeweiligen Person zum Geld charakterisierte (z. B. geizig, finanziell erfolgreich, sparsam, verschwenderisch, machte großzügige Geschenke, führte die Haushaltskasse, gab nie Geld für sich selbst aus, gab gern mit Geld an, stammte aus einer wohlhabenden Familie etc.).
- ✻ Legen Sie nun Ihre beiden Blätter nebeneinander und vergleichen Sie.
- ✻ Benutzen Sie dann die folgenden Fragen, um der Vergangenheit noch stärker auf die Spur zu kommen:

- Wie gingen meine Eltern mit Geld um?
- Wie gingen die anderen Personen mit Geld um?
- Bekam ich Taschengeld? Wie viel?
- Bekam ich später eine finanzielle Unterstützung und wie fühlte ich mich dabei?
- Wie empfand ich als Kind den Umgang meiner Eltern mit Geld?
- Wie sehe ich das heute?
- Wieweit wurde meine Einstellung zum Geld von meiner Vergangenheit beeinflusst?

DIE 100.000-EURO-FRAGE

Dieses Experiment gibt uns Einblick in unsere Einstellung zum Geld und in unsere Träume. Erleichternd wirkt dabei, dass unser Humor und unsere Phantasie angesprochen werden. Für alle Gespräche über Geld gilt, dass wir dafür in einer freundschaftlichen, aufgeschlossenen Stimmung sein sollten.

* Nehmen Sie sich Papier und Schreibzeug und vervollständigen Sie jeder für sich die folgenden Sätze:
- Wenn ich plötzlich 1000 Euro zusätzlich zu meiner freien Verfügung hätte, würde ich ...
- Wenn ich plötzlich 100.000 Euro zusätzlich hätte, würde ich ...
- Wenn ich plötzlich eine Million Euro hätte, würde ich ...
- Wenn ich morgen erführe, dass ich pleite bin, würde ich ...
- Meine schlechteste Erfahrung mit Geld habe ich gemacht, als ...
- Meine beste Erfahrung mit Geld war ...
- Mein größtes Problem im Bezug auf Geld ist ...
* Lesen Sie sich gegenseitig Ihre Sätze vor.
* Gedankenaustausch.

GEMEINSAM PLANEN

Finanzplanung hängt eng mit Lebensplanung zusammen. Auch wenn wir «alles so laufen lassen wie bisher» planen wir, und zwar indirekt, da wir andere Optionen implizit ausschließen. Wenn wir uns über Gelddinge nicht offen verständigen, hat automatisch der das Sagen, der am längeren Hebel sitzt, entweder weil er mehr Geld verdient oder weil er den Geldfluss steuert. Für den anderen ist diese Situation unbefriedigend, weshalb sie eine Quelle von Konflikten ist.

Die Schwierigkeit, sich in Geldfragen zu einigen, ist ein häufiger Scheidungsgrund. Man sollte das Thema deshalb nicht auf die leichte Schulter nehmen.

Wenn Sie keine Routine darin haben, sich über Ihre Finanz- und Lebensplanung auszutauschen, kann dieses Experiment ein guter Anfang sein.

- Nehmen Sie jeder drei Bögen Schreibpapier. Überschreiben Sie den ersten mit «Unsere aktuellen finanziellen Ziele», den zweiten mit «Unsere finanziellen Ziele für die nächsten zehn Jahre» und den dritten mit «Langfristige finanzielle Ziele und Ziele für den Ruhestand». Schreiben Sie dann möglichst zügig unter diese drei Überschriften alles, was Ihnen im Moment dazu einfällt.
- Vergleichen Sie Ihre Aufzeichnungen.
- Nehmen Sie noch einmal drei Blätter. Versehen Sie sie mit denselben Überschriften und skizzieren Sie in großen Zügen einen gemeinsamen Finanzplan. (Wenn Sie einen detaillierten Finanzplan aufstellen möchten, kann es hilfreich sein, wenn Sie sich an einen professionellen Berater wenden.)

Bewahren Sie Ihre Notizen auf. Dieses Experiment sollten Sie mindestens einmal im Jahr wiederholen.

ZEHN-EURO-TAG

Von Henrik Ibsen stammt der Satz: «Geld ist die Schale vieler Dinge, aber es ist nicht ihr Kern. Es bringt uns Nahrung, aber keinen Appetit; Medizin, aber keine Gesundheit; Bekannte, aber keine Freunde; Diener, aber keine Ergebenheit; Tage der Freude, aber weder Frieden noch Glück.»

Nehmen Sie sich einen gemeinsamen freien Tag und fahren Sie an einen Ort, wo Sie beide noch niemals waren. Sie können irgendwohin aufs Land fahren, ans Meer oder in eine Stadt, die Ihnen fremd ist. Suchen Sie sich ein Ziel aus, das Sie reizt, denn Sie sollen dort zehn Stunden verbringen. Wie Sie dorthin gelangen – ob zu Fuß, im Auto oder in öffentlichen Verkehrsmitteln – bleibt Ihnen überlassen. Die einzige Bedingung ist, dass Sie beide zusammen an Geld auf diesen Ausflug nur zehn Euro mitnehmen. (Bitte Kreditkarten u. Ä. zu Hause lassen.) Diese zehn Euro sollen Sie bis zu Ihrer Heimkehr ausgeben.

Sie können den Tag und die Art, wie Sie das Geld ausgeben wollen, vorher gemeinsam planen. Es ist aber auch möglich – und vielleicht noch interessanter – dass Sie einfach losfahren und spontan an Ort und Stelle entscheiden.

VERTRAUEN UND TREUE

Was du liebst, lass frei. Kommt
es zurück, gehört es dir - für immer.
Konfuzius

Die Psychologin Ursula Nuber schreibt in ihrem Buch «Was Paare wissen müssen»: «Vertrauen ist die unabdingbare Voraussetzung für eine intime Beziehung. Ohne Vertrauen keine Nähe, ohne Vertrauen keine Sicherheit ... Vertrauen kann nur entstehen, wenn der Partner in gewisser Weise ‹durchschaubar› wird. Das kann er aber nur werden, wenn er bereit ist, das Visier zu öffnen und den anderen einen Blick in sein Innerstes werfen zu lassen.»[31]

Noch schärfer formuliert es Harriet Lerner: «Die Wahrheit zu sagen ist ... die Grundlage von Authentizität, Selbstachtung, Intimität, Integrität und Freude. Wir wissen, dass Nähe Ehrlichkeit voraussetzt, dass Lügen Vertrauen untergräbt, dass die grausamsten Lügen oft schweigend ‹erzählt› werden.» Doch im nächsten Satz gibt die Autorin zu bedenken: «Das ist jedoch nur eine Seite der Medaille. Im Namen der ‹Wahrheit› geschieht es oft auch, dass wir Freunde und Familienmitglieder verletzen und Ängste schüren ...»[32]

Bedeutet Vertrauen, einander alles zu offenbaren? Wie in dem Zitat von Lerner angedeutet, ist die Sache nicht so einfach. Zum einen kann es durchaus «Wahrheiten» geben, die wir lieber verschweigen sollten, weil wir den anderen dadurch verletzen oder ihn in eine schwierige Lage bringen würden. Wollen wir uns vielleicht durch unsere Offenheit nur selbst entlasten? Außerdem müssen wir uns fragen, ob wir die eigenen Handlungen und Motive immer vollkommen durchschauen. Bei allem Bemühen um Selbsterkenntnis gibt es zweifellos bei jedem von uns Impulse, Gedanken, Gefühle, die wir selbst nicht oder nicht sofort verstehen. Wir verändern uns ständig und unsere Seelen sind voller Geheimnisse und letztlich unergründlich. Wie sollten wir uns dann anderen restlos offenbaren können?

Damit soll nicht gesagt werden, dass Ehrlichkeit und Offenheit kein hoher Wert sind. In einer intimen Beziehung ist unser Bemühen darum sicher unverzichtbar. Ohne diese Qualitäten wird es kein Vertrauen zwischen uns geben. Doch was geschieht, wenn unser Vertrauen einmal enttäuscht wurde oder wenn wir selbst einen Vertrauensbruch begangen haben? – Wenn wir unsere Gefühle füreinander heilen möchten, sind wir beide gefordert: Der «Sünder» muss Vertrauensarbeit leisten, doch derjenige, der verletzt wurde, muss auch etwas tun – er muss verzeihen können.

Wird die Verletzung als sehr schwer empfunden, ist das manchmal nicht einfach. Wenn der Getäuschte es jedoch nicht schafft zu vergeben, trotz aller Bemühungen des anderen, sein Vertrauen zurückzugewinnen, wird die Beziehung auf Dauer beschädigt. Der Zürnende muss sich dann fragen, welchen Vorteil er davon hat, dass er an seinem Groll festhält.

AFFÄREN

Besonders hart kann es sein, dem Partner eine sogenannte Affäre zu verzeihen. Wenn der Mensch, mit dem wir zusammenleben, sich in eine dritte Person verliebt und/oder eine sexuelle Beziehung zu ihr eingeht, so werden das die meisten von uns als fundamentalen Vertrauensbruch empfinden. Wir zweifeln dann nicht nur an der Liebe unseres Partners, sondern sind tief in unsere Selbstachtung getroffen.

Männer, die eine Affäre hatten, nennen oft als Grund, dass der sexuelle Reiz sehr stark war und dass die andere Frau ihnen das Gefühl gab, männlich und attraktiv zu sein. Frauen sagen dagegen oft, dass sie sich einsam und ungeliebt fühlten und ihre Beziehung als tot empfanden. Männer wie Frauen, die eine Affäre beginnen, suchen ganz offensichtlich etwas, was ihnen im Zusammenleben mit dem Partner/der Partnerin zur Zeit fehlt. Wenn wir das Gefühl haben, dass uns eine andere Person stark anzieht, so sollten wir unsere Beziehung daraufhin unter die Lupe nehmen. Auch wenn unser Partner daran nicht «schuld» ist, so sitzt er doch mit uns in einem Boot. Wir müssen also, so schmerzhaft das auch sein mag, gemeinsam untersuchen, was zwischen uns los ist. Das ist der einzig mögliche Weg, wenn wir uns trotz allem das Vertrauen zueinander erhalten wollen.

Personen, die uns sympathisch sind, sprechen uns manchmal auch erotisch und sexuell stark an. Manche Menschen fühlen sich in ihrem Leben, das sie mit dem Partner/der Partnerin führen, so glücklich und erotisch ausgefüllt, dass sie kaum in Konflikt geraten. Sie gestatten sich solche Gefühle nicht oder ziehen sich zurück, wenn sie spüren, dass sie in die Gefahrenzone geraten. Für andere ist das schwieriger.

Das Leben ist voller Risiken. Das Risiko, den Partner an eine andere Person zu verlieren oder uns selbst stark in einen anderen zu verlieben, ist eines davon. Niemand ist vollkommen gefeit dagegen. Das Interesse am Neuen, auch was sexuelle Beziehungen betrifft, ist nicht nur Zeichen von Verwöhntheit oder Übersättigung, es zeigt auch unsere Neugier und unser Bedürfnis, uns selbst durch einen anderen Menschen zu entwickeln.

Zum Schluss noch ein Ausflug in die Welt des Kinos: Vielleicht kennen Sie den Film «Das Lächeln einer Sommernacht» von Ingmar Bergman. Erinnern Sie sich an die drei Paare, um die es in der Geschichte geht? Da sind Advokat Frederik Egermann und seine junge Frau Anne, Hendrik, sein Sohn aus erster Ehe, die Schauspielerin Désirée, Graf Malcom sowie dessen junge Frau Charlotte.

Die Geschichte dreht sich nicht nur um die Liebe, sondern um die genauso ewigen Themen von Treue und Vergebung. Frederik Egermann hat sein langjähriges Verhältnis mit Désirée beendet, um die sechzehnjährige Anne zu heiraten. Désirée gelingt es jedoch, mit Hilfe einer komplizierten und nicht ungefährlichen Intrige Frederik Egermann zurückzugewinnen. Sie liebt ihn noch immer, und sie verzeiht ihm großzügig seine Treulosigkeit. Auch Charlotte, die junge Gräfin Malcom, hat Grund zu verzeihen: Ihr Mann hatte ständig Affären mit anderen Frauen, zuletzt mit Désirée. Und auch Egermann muss akzeptieren, dass seine ehemalige Geliebte sich in der Zwischenzeit mit einer ganzen Reihe von Männern getröstet hat, u. a. mit jenem Grafen Malcom. Außerdem muss Egermann seinen Stolz bekämpfen und seine junge Frau mit seinem Sohn aus erster Ehe ziehen lassen. Nur so ist ein Happy End für alle möglich. Und auch deshalb war der Film ein solcher Erfolg!

LÜGEN UND GESTÄNDNISSE

Wir lügen aus den verschiedensten Gründen: aus Angst, aufgrund von Schuldgefühlen oder aus Gründen, die manchmal schwer zu fassen sind – um eine seelische Wunde zu verbergen, um die Kontrolle über jemanden zu behalten oder um einen Freund zu schützen. Die Wahrheit ist eine Tugend, die manche für absolut halten, und wenn wir unseren Partner bei einer Lüge ertappen, kann das unser Vertrauen in ihn stark erschüttern.

Über eine konkrete Lüge zu sprechen, kann sehr schwierig sein. Deshalb schlagen wir Ihnen hier vor, sich mit der ethischen Seite von Wahrheit und Lüge allgemein auseinanderzusetzen.

- Nehmen Sie sich Papier und Schreibzeug und schreiben Sie jeder für sich die drei wichtigsten Lügen auf, die Sie seit Ihrer Kindheit erzählt haben. Schreiben Sie dazu, wie alt Sie waren und was Sie zum Lügen veranlasste.
- Schreiben Sie auf ein zweites Blatt Beispiele von Lügen, die Sie für gerechtfertigt halten. (So würden Sie vielleicht einem Kind, das Ihnen strahlend eine in Ihren Augen scheußliche Puppe zeigt, ohne Zögern versichern, dass auch Sie diese Puppe wunderschön finden. Oder Sie würden Ihrem Chef gegenüber behaupten, dass Sie sich die neue Aufgabe ohne Weiteres zutrauen, auch wenn Sie in Wirklichkeit Angst davor haben.) Notieren Sie dazu, warum Sie diese Lügen für vertretbar halten.
- Schreiben Sie auf ein weiteres Blatt einige Beispiele von Lügen, die man sich Ihrer Meinung nach nicht erlauben sollte. Notieren Sie dazu, wie es für Sie wäre, wenn Ihr Partner Sie auf eine solche Art belügen würde.
- Setzen Sie sich nun zusammen. Suchen Sie von den anfangs notierten drei Lügen eine aus, die Sie Ihrem Partner mitzuteilen bereit sind. Berichten Sie, warum Sie damals gelogen haben, wie Ihre Gefühle dabei waren und wie Sie sich hinterher fühlten.

- Wenn Ihr Partner ebenfalls bereit ist, kann er anschließend von einer eigenen Lüge berichten usw.
- Sprechen Sie über Beispiele von «zulässigen» Lügen.
- Welche Art Lügen sollten in Ihrer Beziehung verboten sein?

WUNDEN HEILEN HELFEN

Jeder von uns trägt seelische Wunden mit sich herum. Diese inneren Verletzungen sind ein nicht unwichtiges Motiv bei unserer Partnerwahl. Wir suchen uns Partner aus, von denen wir hoffen, dass sie uns helfen, diese Verletzungen zu heilen oder zumindest zu vergessen.

Wir haben gelernt, dass wir selbst die Verantwortung für unser Wohlbefinden übernehmen müssen. Das ist prinzipiell auch richtig. Dennoch haben wir im Zusammenhang mit unseren alten Verletzungen Wünsche und Erwartungen an unseren Partner. Je klarer wir uns über unsere seelischen Wunden sind und je offener wir damit umgehen, desto leichter ist es für den anderen, diese Erwartungen zu verstehen.

Manche dieser Wunden hindern uns ein Leben lang, anderen Menschen nah zu sein, einen anderen zu lieben. Daher kann es sehr lohnend sein, wenn wir uns bemühen, uns gegenseitig Einblick in unsere seelischen Verletzungen und Empfindlichkeiten zu geben. Außerdem fördert es Vertrauen und Zusammengehörigkeitsgfühl.

Die folgenden Denkanstöße können den Einstieg in dieses heikle Thema erleichtern:

- Was habe ich mir immer von meinen Eltern gewünscht (und bekam es nicht)?
- Meine Mutter hat mich als Kind tief verletzt, indem sie ...
- Mein Vater verletzte mich, indem er ...

- Das schlimmste Erlebnis aus meiner Schulzeit ...
- Meine größte Enttäuschung mit einem Freund/einer Freundin ...
- Mein schmerzhaftestes Erlebnis in einer Liebesbeziehung ...
- Das Ereignis aus meiner Vergangenheit, das ich am liebsten vergessen würde ...
- In meiner jetzigen Beziehung fühlte ich mich sehr verletzt, als ...

❋ Suchen Sie sich jeder einen Platz, wo Sie ungestört sind und nehmen Sie Papier und Bleistift. Schreiben Sie alles auf, was Ihnen zu den oben genannten acht Punkten einfällt. Sie können natürlich auch andere Verletzungen notieren. Lassen Sie sich Zeit dafür ...

❋ Lesen Sie sich nun Ihre Notizen noch einmal in Ruhe durch und stellen Sie zu jedem Punkt folgende Überlegung an: Was wünsche ich mir von meinem Partner/meiner Partnerin, damit diese Verletzung heilen kann?

❋ Kommen Sie nun zusammen. Lesen Sie Ihrem Partner einen Punkt Ihrer Notizen vor. Erklären Sie Ihrem Partner möglichst ausführlich, wie es zu dieser Verletzung kam und wie Sie sich dabei fühlten. Versuchen Sie auch zu erklären, warum diese Wunde Sie noch heute schmerzt. Und sagen Sie Ihrem Partner zuletzt, was Sie sich von ihm wünschen, damit Sie diese Verletzung vergessen können.

❋ Rollenwechsel. Tauschen Sie so oft die Rollen, wie Sie Stoff und Lust zum Sprechen haben.

VERTRAUENS-SPAZIERGANG

Ein klassisches Experiment, bei dem wir Vertrauen erfahren und vertiefen können, ist der Vertrauensspaziergang. Einer der Partner schließt die Augen (eine Augenbinde ist praktisch, da der Spaziergang längere Zeit dauert), und der andere führt den Blinden. Der Sehende hält seinen Arm angewinkelt, die Hand leicht geöffnet, so dass der Blinde mit seiner Hand in die halbgeöffnete Hand greifen kann. Während des Spaziergangs soll nicht gesprochen werden.

Am schönsten ist es, wenn Sie auf diese Weise gemeinsam durch Wald und Feld oder durch einen Park spazieren. Das Gelände sollte wegen der Stolpergefahr nicht zu schwierig sein. Es kommt nicht darauf an, dass der Blinde Angst überwindet, sondern dass er während des Spaziergangs die Welt mit seinen anderen Sinnen und natürlich durch die Augen des Partners erlebt.

Wählen Sie als Sehender den Weg so, dass der Blinde anregende sinnliche Erfahrungen sammeln kann. Der Blinde wird, von Ihnen sicher geführt, stärker die Beschaffenheit des Bodens spüren, er wird das, was er hört und riecht, deutlicher wahrnehmen als üblich. Unsere Augen sind für unser tägliches Erleben so dominant, dass wir es (fast) verlernt haben, uns von unserer Nase oder unseren Ohren leiten zu lassen. Lassen Sie dem Blinden Zeit, in Ruhe zu spüren, zu hören und zu riechen. Wenn Sie an einen Teich oder einen Bach kommen, können Sie ein wenig Wasser schöpfen und es über die Hand des Blinden laufen lassen. Sie können ihm Blätter oder Blüten von Bäumen oder Sträuchern zum Tasten und Riechen in die Hand geben. Lassen Sie ihm Zeit, um jeden Gegenstand in Ruhe zu erforschen.

Wenn Sie Ihre Führung langsam und behutsam beginnen, wird der Blinde immer mehr Sicherheit und Vertrauen entwickeln. Achten Sie auf Körpersprache und Gesichtsausdruck des Blinden. Führen Sie ihn so, dass er sich wohlfühlt. Wenn es für ihn in Ordnung ist, können Sie auch zwischendurch schneller gehen oder laufen, falls keine Hindernisse im Weg sind. Das kann eine gute Vertrauenserfahrung für Sie beide sein.

Lassen Sie sich von Ihrer Intuition leiten ... (20-30 Min.)

Auch der Sehende soll in den Genuss kommen, geführt zu werden. Tauschen Sie also im Anschluss – nach einer Verschnaufpause von ein paar Minuten – die Rollen und sprechen Sie erst danach über Ihre Erlebnisse.

SCHWIERIGE ENTSCHEIDUNGEN

Wenn ein Partner eine einseitige Entscheidung trifft, deren Folgen beide in irgendeiner Weise zu tragen haben, so bringt das den anderen in eine schwierige Lage. (Das kann z.B. eine größere Anschaffung sein, die Kündigung des Jobs oder der Entschluss, für längere Zeit ins Ausland zu gehen.) Der vor vollendete Tatsachen gestellte Partner kann das entweder stillschweigend akzeptieren, indem er seine eigenen Vorstellungen und Bedürfnisse verleugnet, oder er kann protestieren mit dem Risiko, als nörglerisch oder streitsüchtig dazustehen. Beides wird auf die Dauer zu gegenseitigem Groll führen.

Schon kleine Entscheidungen, die den anderen als Person übergehen, können das Klima zwischen Partnern belasten: Wenn ich gern laute Musik höre und den CD-Player einfach anschalte, während mein Partner im gleichen Raum liest, so ist das eine solche Übergehung.

Nehmen wir den Fall von zwei jungen Leuten, die seit kurzem ein Paar sind. Wenn er seinen Job an den Nagel hängen will, um eine Zusatzausbildung zu machen, dann ist sie davon stark betroffen. Legt sie ihr Veto dagegen ein, weil sie z.B. ungern eine Zeit lang auf den gewohnten Lebensstandard verzichten möchte oder weil sie glaubt, ihren Wunsch nach einem Kind dann für lange Zeit aufschieben zu müssen, wird er sich in seiner Entwicklung gebremst fühlen, und die Beziehung wird mit Sicherheit in die Krise geraten. Eines ist jedoch klar: Sie wird eher bereit sein, Nachteile in seinem Interesse in Kauf zu nehmen, wenn er sie in seine Überlegungen einbezieht, auch wenn er vielleicht fürchtet, sie könne starke Gegenargumente haben. Selbst wenn er spürt, dass diese Entscheidung für ihn die einzig richtige ist, sollte er sich ihren Einwänden stellen. Denn den Job zu kündigen oder seiner Partnerin die Entscheidung als endgültig mitzuteilen, ohne vorher mit ihr zu diskutieren, ist auf lange Sicht immer die schlechtere Lösung. Auch tagelange zähe Diskussionen sind weniger schlimm als ein nachhaltig gestörtes Vertrauensverhältnis. Sie könnte gewichtige Argumente pro und contra haben. Wenn er die Auseinandersetzung mit ihr miede, würde er ihr damit sagen, dass ihre Meinung für ihn wenig Bedeutung hat. Sich dem Einfluss des anderen aussetzen, heißt nicht, in jedem Fall nachzugeben, es bedeutet, dass wir den anderen und seine Bedürfnisse berücksichtigen und ernst nehmen.

- Entscheidungsprozesse können wir nur in der Realität proben. Eine gespielte Situation würde der Sache ihren Reiz nehmen. Suchen Sie sich deshalb eine echte Frage aus, über die Sie in nächster Zeit entscheiden müssen. Wenn Sie leicht in Streit geraten, sollte es ein Thema sein, das nicht allzu viel Konfliktstoff bietet, also vielleicht die Entscheidung über Ihre nächste Urlaubsreise oder über eine mittelgroße Anschaffung, soweit Sie in diesen Punkten unterschiedlicher Meinung sind.
- Nehmen Sie jeder Papier und Schreibzeug und wählen Sie eine passende Überschrift, z. B. «Unser nächstes Urlaubsziel». Jeder sammelt nun stichwortartig alle Argumente, die ihm für sein Wunschziel einfallen.
- Nehmen Sie sich noch einmal ein paar Minuten, um Ihre eigenen Gedanken zu überprüfen. Haben Sie irgendwelche Zweifel, was dieses Ziel angeht? Notieren Sie in Ruhe auch die Dinge, die vielleicht dagegen sprechen.

- Jeder hat nun eine Viertelstunde Zeit, um dem Partner in Ruhe seine Argumente und Zweifel vorzutragen. Der andere hört schweigend zu. Er fragt nur nach, wenn ihm etwas unklar ist.
- Rollentausch.

Diese Prozedur muss nicht unmittelbar zu einer Entscheidung führen. Sie kann den Prozess jedoch erleichtern. Wenn wir uns Zeit zum Nachdenken nehmen und dem anderen auch Einblick in die eigenen Zweifel geben, so lenkt das die Diskussion in ruhige Bahnen. Wir entgehen der Versuchung, einander das Wort abzuschneiden, was oft nur ein Zeichen von Unsicherheit ist, und nehmen uns auf diese Weise gegenseitig die Angst, nicht gehört und mit unseren Bedürfnissen übergangen zu werden.

ICH GELOBE

Wenn wir verheiratet sind, haben wir einander irgendwann im Rahmen eines Rituals verschiedene Dinge mehr oder weniger feierlich gelobt: gegenseitige Unterstützung, Treue, Liebe etc. Auch bei Trauungen, die nicht in der Kirche stattfinden, geben sich die Veranstalter Mühe, die Bedeutung des Augenblicks zu unterstreichen und der Zeremonie eine feierliche Note zu geben. Für viele von uns liegt dieses Ereignis aber schon mehr oder weniger weit zurück, und der Alltag hat vielleicht unsere feierlichen Gefühle verschlissen. Dann kann es schön sein (vor allem nach einer Zeit der Krisen oder des Streits), wenn wir unsere Gelöbnisse erneuern, mit einer eigenen, ganz privaten Zeremonie unter vier Augen.

Sie benötigen neben den im folgenden Absatz aufgeführten Utensilien Papier und Schreibzeug.

- Überlegen Sie sich einen passenden Rahmen für Ihr Vorhaben. Sie können das gemeinsam tun. Aber es kann auch schön sein, wenn einer von Ihnen den anderen dazu einlädt. Schmücken Sie den Raum Ihrem Geschmack entsprechend. Suchen Sie leise Musik aus, die Sie beide mögen. Beleuchten Sie das Zimmer mit Kerzen oder Öllampen. Stellen Sie vielleicht eine gute Flasche Wein bereit. Falls Sie eine Klangschale oder einen Gong besitzen, können Sie Ihre «Gelöbnisse» später damit feierlich begleiten. Und wenn Sie Räucherwerk mögen, kann das der geplanten Zeremonie eine besondere Atmosphäre geben. Ihrer Phantasie sind keine Grenzen gesetzt. So können Sie sich z. B. etwas anziehen, was das Ganze aus dem Alltag heraushebt. Sie können Fotos auslegen, die die Geschichte Ihrer Beziehung dokumentieren oder kleine Gegenstände aufstellen, die Sie an gemeinsame schöne Erlebnisse erinnern.
- Während Sie die besondere Atmosphäre des Raumes genießen, denken Sie in Ruhe darüber nach, was Sie sich heute, ob Sie nun verheiratet sind oder ohne Trauschein zusammenleben, geloben möchten. Sie sollten ruhig Ihre alten Liebes- und Treueversprechen wiederholen. Darüber hinaus wird sich Ihr Partner aber auch über ganz einfache Dinge freuen. Seien Sie in jedem Fall möglichst spezifisch (z. B.: «Ich gelobe, Dich nicht mehr zu kritisieren, wenn Du etwas vergisst», oder: «Ich gelobe, jeden Freitagabend in der ganzen Wohnung Staub zu saugen», oder: «Ich gelobe, Dir künftig rechtzeitig zu sagen, wenn mich etwas stört» etc.) Notieren Sie in Stichworten, was Ihnen einfällt.
- Wenn jeder seine Notizen beendet hat, sprechen Sie abwechselnd je ein Gelöbnis aus.
- Bekräftigen Sie, wenn Sie mögen, jedes Gelöbnis mit dem Anzünden eines Teelichts.

LIEBES-
TAGEBUCH

Kaufen Sie sich ein schön gebundenes Buch, das Sie zu Ihrem Liebestagebuch erklären. Das Buch sollte immer an einem Platz liegen, an dem es für Sie beide leicht erreichbar ist. Jeder von Ihnen kann es jederzeit herausnehmen und etwas hineinschreiben: Wenn Sie z. B. gemeinsam etwas Schönes erlebt haben, guten Sex miteinander hatten oder einen schönen gemeinsamen Urlaub. Sie können aber auch kleine Dinge notieren wie eine nette Geste, über die Sie sich gefreut haben, einen liebevollen Empfang beim Nachhausekommen und wenn Sie irgendwann beim Anblick des anderen wieder einmal dachten «Wie gut, dass wir zusammen sind!» Das Buch kann uns in Krisenzeiten helfen, uns an gute Momente zu erinnern.

ANHANG

ANMERKUNGEN

1 Vgl. Gottman, John/Schwartz Gottman, Julie: 10 Lessons to Transform Your Marriage, Seite 57

2 Rubenfeld, Ilana: The Listening Hand, Seite 176

3 Vgl. DIE ZEIT, Sonderheft «Wissen», 5/2007, Seite 23-26

4 Vgl. Parvin Sadigh in: «Die Zeit – online», 04/2006

5 Waldman, Marc R.: Love Games, Seite 72

6 Fromm, Erich: Die Kunst des Liebens, Seite 36

7 Fromm, Erich: Die Kunst des Liebens, Seite 21

8 Ballet de Coquereaumont, Marie-France und Emmanuel: S'Ouvrir à Son Coeur d'Enfant, Seite 327

9 Gordon, Lori: Passage to Intimacy, Seite 95

10 Zitiert nach Waldman, Marc R.: Love Games, Seite 58

11 Perls, Fritz: Gestalt Prayer 1969

12 Lerner, Harriet G.: Zärtliches Tempo, Seite 223

13 Leveton, Eva: Mut zum Psychodrama, Seite 169 ff.

14 Moeller, Michael Lukas: Die Liebe ist das Kind der Freiheit, Seite 16/17

15 Bodenmann, Guy/Cina, Annette: Woran Beziehungen scheitern, Seite 24

16 Vgl. Jay Lebow: Scoreboard for Couples Therapies, Seite 81

17 Krishnamurti, Jiddu: On Love and Loneliness, Seite 134

18 Coleman, Paul: How to Say It for Couples, Seite 123

19 Ballet de Coquereaumont, Marie-France und Emmanuel: S'Ouvrir à Son Coeur d'Enfant, Seite 339

20 Vgl. Interview mit David Schnarch in «Brgitte» Heft 19/2006

21 Lowen, Alexander: Bioenergetics. zitiert nach: Waldman, Mark Robert: Love Games, Seite 118

22 Gottman, John/Schwartz Gottman, Julie: 10 Lessons to Transform Your Marriage, Seite 130 f.

23 Johnson, Susan: Are You There for Me?, Seite 45

24 Keyes, Ken: Handbook to Higher Consciousness, Seite 122

25 Kasl, Charlotte: If the Buddha Married, Seite 128 ff.

26 Dyson zit. nach Siegel, Bernie: Exercises for the Soul, Seite 167

27 Carter, Betty/Peters, Joan: Macht und Liebe, Seite 88

28 Beck, Ulrich zit. nach Willi, Jürg: Was hält Paare zusammen?, Seite 74

29 Willi, Jürg: Was hält Paare zusammen?, Seite 78 f.

30 Carter, Betty/Peters Joan: Macht und Liebe, Seite 19

31 Nuber, Ursula: Was Paare wissen müssen, Seite 155

32 Harriet Lerner: The Dance of Deception, Seite 68

Die Zitate aus den amerikanischen Büchern wurden von den Autoren übersetzt.

LITERATUR

Ballet de Coquereaumont, Marie-France und Emmanuel: S'Ouvrir à Son Coeur d'Enfant pour naitre à soi, Seuil, Paris 2005

Bloom, Linda und Charlie: 101 Things I Wish I Knew When I Got Married. Simple Lessons to Make Love Last, New World Library, Novato, CA 2004

Bodenmann, Guy/Cina, Annette: Woran Beziehungen scheitern, Psychologie Heute, Juli 2003, Seite 24-25

Carter, Betty/Peters, Joan: Macht und Liebe. Wege aus der Ehekrise, iskopress, Salzhausen 2000

Cöllen, Michael: Liebe deinen Partner wie dich selbst. Wege für Paare aus narzisstischen Krisen, Gütersloher Verlagshaus, Gütersloh 2005

Coleman, Paul: How to Say It for Couples. Communicating with Tenderness, Openness, and Honesty, Prentice Hall Press, Paramus, NJ 2002

Dreikurs, Rudolf: Die Ehe - eine Herausforderung, dtv, Frankfurt/Main 1993

Fromm, Erich: Die Kunst des Liebens, Ullstein, Frankfurt/Main o. J.

Gordon, Lori: Passage to Intimacy. Key Concepts and Skills from the Pairs Program Which Has Helped Thousands of Couples Rekindle Their Love, Fireside, New York 1993

Gottman, John/Schwartz Gottman, Julie: 10 Lessons to Transform Your Marriage, Crown, New York 2006

Jellouschek, Hans: Die Kunst als Paar zu leben, Kreuz Verlag, Stuttgart 2007

Johnson, Susan: Are You There for Me? Understanding the Foundations of Couples Conflict, in: Psychotherapy Networker, September/October 2006, Seite 41-53

Kasl, Charlotte: If the Buddha Married. Creating Enduring Relationships on a Spiritual Path, Penguin, New York 2001

Kast, Verena: Paare. Beziehungsphantasien oder Wie Götter sich in Menschen spiegeln, Kreuz Verlag, Stuttgart 2001

Keyes, Ken: Handbook to Higher Consciousness, Love Line Books, Coos Cay 1992

Krishnamurti, Jiddu: On Love and Loneliness, HarperCollins, New York 1994

Lazarus, Arnold und Clifford: The 60-Second-Shrink. 101 Strategies For Staying Sane in a Crazy World, Impact Publishers, Atascadero 1997. (dt.: In 60 Sekunden wieder o.k., Klett-Cotta, Stuttgart 2004)

Lebow, Jay: Scoreboard for Couples Therapies, in: Psychotherapy Networker, September/Otober 2006, Seite 81-85

Lerner, Harriet G.: Zärtliches Tempo. Wie Frauen ihre Beziehungen verändern, ohne sie zu zerstören, Fischer Taschenbuch Verlag, Frankfurt/Main 2001

Lerner, Harriet G.: The Dance of Deception. Pretending and Truth-Telling in Woman's Lives, HarperCollins, New York 1993

Leveton, Eva: Mut zum Psychodrama. Ein praktischer Leitfaden, iskopress, Salzhausen 2004

Moeller, Michael Lukas: Die Liebe ist das Kind der Freiheit, Rowohlt Verlag, Reinbek 2003

Moeller, Michael Lukas: Die Wahrheit beginnt zu zweit. Das Paar im Gespräch, Rowohlt Verlag, Reinbek 2005

Nuber, Ursula: Was Paare wissen müssen. 10 Grundregeln für das Leben zu zweit, Krüger Verlag, Frankfurt/Main 2006

O'Hanlon, Bill: Change 101. A Practical Guide to Creating Change in Life or Therapy, W.W. Norton, New York 2006 (dt. Probiers mal anders, Carl-Auer Verlag, Heidelberg 2007)

Rogers, Carl R.: Partnerschule. Zusammenleben will gelernt sein - das offene Gespräch mit Paaren und Ehepaaren, Fischer Taschenbuch Verlag, Frankfurt/Main 1992

Rubenfeld, Ilana: The Listening Hand. Self-Healing Through the Rubenfeld Synergy Method of Talk and Touch, Bantam, New York 2000.

Schnarch, David: Constructing the Sexual Crucible. An Integration of Sexual and Marital Therapy, W. W. Norton, New York 1991

Schnarch, David: Passionate Marriage. Sex, Love, and Intimacy in Emotionally Committed Relationships, W. W. Norton, New York 1997

Siegel, Bernie S.: 101 Exercises für the Soul. A Divine Workout Plan for Body, Mind, and Spirit, New World Library, Novato, CA 2005

Waldman, Mark Robert: Love Games. How to Deepen Communication, Resolve Conflict, and Discover Who Your Partner Really is, Tarcher/Putnam, New York 2000

Willi, Jürg: Was hält Paare zusammen? Der Prozess des Zusammenlebens in Psycho-Ökologischer Sicht, Rowohlt, Reinbek 2006

Vopel, Klaus und Renate: Ich und Du. Übungsbuch für Paare, iskopress, Salzhausen 1997

iskopress

Auf den nächsten Seiten
finden Sie mehr
für Paare und Familien.

iskopress

Mehr für Paare und Familien

Howard M. Halpern

Liebe und Abhängigkeit

Wie wir übergroße Abhängigkeit in einer Beziehung beenden können

230 Seiten, Paperback

ISBN 978-3-89403-413-9

Hörbuch auf CD (Kurzfassung)

Howard M. Halpern

Sprecher: Friedhelm Ptok

Liebe und Abhängigkeit

Wie wir übergroße Abhängigkeit in einer Beziehung beenden können

Spielzeit 80 Minuten

ISBN 978-3-89403-016-2

Howard M. Halpern

Anatomie der Liebe

Wege zu einer glücklichen Beziehung

270 Seiten, Paperback

ISBN 978-3-89403-399-6

Betty Carter/Joan K. Peters

Macht und Liebe

Wege aus der Ehekrise – Ein Ratgeber für Paare und ihre Therapeuten

360 Seiten, Hard Cover

ISBN 978-3-89403-427-6